인재경영을
바라보는 두 시선

# 인재경영을 바라보는 두 시선

인사의 핵심을 묻는 20문 40답

2015년 10월 19일  초판 1쇄 발행
2024년 11월  1일  초판 8쇄 발행

지 은 이 | 정권택 외
펴 낸 곳 | 삼성글로벌리서치
펴 낸 이 | 김원준
출판등록 | 제1991-000067호
등록일자 | 1991년 10월 12일
주      소 | 서울시 서초구 서초대로74길 4(서초동) 삼성생명서초타워 28층
전      화 | 02-3780-8213(기획), 3780-8074(마케팅)
이 메 일 | sgrbooks@samsung.com

ⓒ 정권택 외 2015
ISBN | 978-89-7633-955-3  03320

삼성글로벌리서치 도서정보는 이렇게도 보실 수 있습니다.
홈페이지(http://www.samsungsgr.com/) → SGR BOOKS

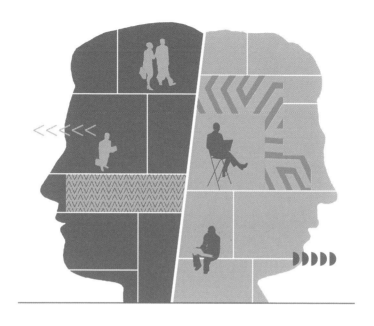

인사의 핵심을 묻는 20문 40답

# 인재경영을
# 바라보는 두 시선

**정권택** 외 지음

삼성글로벌리서치

# 인사가 답해야 할
# 20가지 질문들

　경영학은 현장에서 비로소 완성되는 학문이다. 이론은 현장에 실제로 적용할 수 있어야 하고 현장에서 일어난 일은 다시 이론으로 재정립되어야 한다. 이는 이론과 실무가 끊임없이 소통할 때 가능한 일이다. 따라서 경영학은 단순히 이론에만 밝아서도, 또는 현장 실무에만 정통해서도 안 된다. 탄탄한 이론적 기반 위에 실무 지식을 겸비해야 한다.

　특히 인사·조직을 공부하는 학생이나 담당자에게는 시대의 패러다임을 바꾼 위대한 이론을 학습하는 것이 필수적이다. 또한 기업의 구성원으로 살아가는 많은 이들에게 이러한 이론들을 접해보는 것은 매우 의미 있는 일일 것이다. 하지만 이론은 전문가가 아니라면 본격적으로 학습할 기회를 갖기 어려울 뿐만 아니라 이론서를 읽는다 해도 이해하기가 쉽지 않다. 이 책은 바로 이러한 고민에서 출발했다. '어떻게 하면 일반 독자들이 주옥같은 고전 이론에 쉽게 접근할 수 있을까'는 이 책을 기획하고 풀어내는 과정에서 가장 근본적인 질문이 되었다.

　이 책은 좀더 흥미로운 접근을 위해 서로 상반된 이론을 주장한 대가를 선정하여 논리 대결을 펼치는 구성으로 전개했다. 그리고 각각의 이론이 실제 적용된 기업 사례를 폭넓게 찾아 서술했다.

이러한 의도가 과연 제대로 전달될 수 있을지 확인하기 위해 삼성경제연구소 인사조직실 연구원들은 2014년 5월부터 동영상 지식 서비스 SERICEO에 〈인재경영의 두 시선〉이라는 프로그램을 기획하여 방영을 시작했고 다행히 시청자들의 호응을 얻을 수 있었다. 경영자 및 인사 관련 전문가들의 반응도 좋았다. 그래서 동영상 원고를 작성할 때 시간과 지면의 제약으로 인해 다 쓰지 못한 내용을 보완하여 본격적으로 출판을 추진하게 되었다.

인사·조직 분야의 이론들을 학자들의 대립 구도로 소개한다는 점에는 변함이 없었지만, 이 책에서는 그러한 대립을 촉발하는 질문을 좀더 부각시켰다. 상반되는 입장에 선 이론들을 다루는 과정에서 저자들은 인사·조직 관리의 가장 근본적 질문들을 고민했다. 우리 저자들이 그간 해온 일이 결국 이런 질문들에 대한 답을 찾기 위한 것이었음도 새삼 깨달을 수 있었다.

이 책의 구성은 크게 인사·조직 분야의 고전 이론과 실무 이슈 관련 이론으로 나눌 수 있다. 1장에서 6장까지는 고전 이론이다. 고전 중의 고전이라 할 수 있는 과학적 관리론과 인간관계론을 비교하는 1장으로 시작해 관료제 vs. 경영관리론, 상황 이론 vs. 제도 이론, 거래 비용 이론 vs. 사회공동체론, 대리인 이론 vs. 청지기 이론, 베스트 프랙티스 논쟁 등이 이어진다. 7장부터 20장까지는 채용, 보상, 성과, 조직 구조, 구조조정, 퇴직 관리 등 실제 인사 담당자들이 현장에서 늘 마주하는 실무 이슈를 중심으로 구성했다. 특히 후반부에는 긍정성과 성과의 관계, 다양성 관리 등 최근 들어 부각되는 이슈들을 배치했다. 실무 이슈 관련 이론은 본인의 관심 영역에 따라 순서에 관계없이 읽어도 무관하지만 1장에서 6장까지의 고전 이론들은 꼭 먼저 읽어보기를 권한다.

흥미를 더하기 위해 이론과 학자들 간 대립구도를 만들 때 약간의 무리수도 있었음에 독자 여러분들의 양해를 구한다. 그러나 인재경영에서는 한 가지 이론만을 금과옥조로 삼기보다 다양한 이론을 두루 접한 후 처한 상황이나 업의 특성에 따라 전략적으로 배합하고 취사선택해야 한다는 결론을 얻었기에 결과적으로 유효

한 틀이 되었다. 더불어 일반 독자들이 이론에 쉽게 접근할 수 있도록 이 책을 집필했지만 그 과정에서 우리 저자들 역시 인사·조직 관리의 근본을 생각하는 시간을 가질 수 있었다.

책이 나오기까지 많은 사람들의 노고가 있었다. 멋진 동영상 콘텐츠를 만들어준 SERICEO의 강선민 PD, 배정훈 그룹장, 출판을 위해 애쓴 삼성경제연구소 출판팀, 전체 시리즈를 기획한 고현철 수석, 김치풍 수석, 홍콩과학기술대학교의 정인성 박사, 그리고 무엇보다도 바쁜 일정에도 흔쾌히 집필에 참여하여 서로에게 건강한 자극제가 되어준 17명의 저자들에게 감사를 전한다.

2015년 10월
집필진을 대표하여 정권택

# 차 례
ΛVΛVΛ

**책을 내며** 인사가 답해야 할 20가지 질문들 4

**01** 가장 오래된 논쟁의 시작, 직원을 어떻게 바라볼 것인가? —— 11
과학적 관리론과 인간관계론 _정권택

**02** 조직의 '설계'와 '관리', 무엇이 더 중요할까? —— 25
관료제와 경영관리론 _정인성

**03** 기술적 효율성을 따질 것인가?
사회적 정당성을 따를 것인가? —— 39
상황 이론과 제도 이론 _김치풍

**04** 슈퍼맨과 어벤져스, 누가 더 강할까? —— 51
거래 비용 이론과 사회공동체론 _이정일

**05** 통제와 자율, 무엇을 선택할 것인가? —— 65
대리인 이론과 청지기 이론 _김재원

**06** 인사 관리에도 베스트 프랙티스가 존재하는가? —— 77
보편론적 관점과 상황론적 관점 _김재원

**07** 뽑을 것인가? 키울 것인가? —— 89
인력 운영(HRM)과 인재 양성(HRD) _임명기

**08** 성과, 개인의 역량인가? 관계의 힘인가? —— 103
인적 자본과 사회적 자본 _이지인

**09** 수평적 조직 구조는 모든 기업에 약이 될 수 있을까? —— 117
수평 조직과 수직 조직 _최현수

**10** 리더는 타고나는가? 만들어지는가? —— 129
특성론과 행동론 _김명진

**11** 인재 유출, 꼭 나쁘기만 한 것일까? —————— 145
　　인재 유출의 학습 효과 _류지성

**12** 개인의 몫은 어디까지인가? —————————— 161
　　보상과 분배를 결정하는 상반된 철학 _임명기

**13** 퇴직률은 진짜 낮을수록 좋은가? ——————— 175
　　인적 자본 관점과 비용 편익 관점에서 바라본 퇴직률의 양면성 _박준혁

**14** 고용 안정은 '잘못된 친절'인가? ——————— 189
　　구조조정과 고용 안정의 딜레마 _주세영

**15** 신세대의 '다름'을 어떤 방식으로 받아들일 것인가? ——— 203
　　광기의 허용과 비판적 수용 _고현철

**16** 어떻게 창의성을 끌어낼 것인가? ——————— 217
　　내적 동기와 외적 보상 _김동철

**17** 행복한 사람이 더 높은 성과를 내는가? ————— 229
　　긍정성의 나선 효과와 역효과 _박정우

**18** 긍정성을 찾는 것과 부정성을 피하는 것,
　　어디에 초점을 맞출 것인가? ———————— 243
　　채용 시 고려해야 할 성격의 두 가지 측면 _윤지연

**19** 다양성, 시너지의 원천인가? 갈등의 요인인가? —— 257
　　양날의 칼, 인력 다양성 _태원유

**20** 변화의 시대, 어떤 리더가 필요한가? ————— 271
　　카리스마 리더십과 슈퍼 리더십, 그리고 윤리적 리더십 _박충훈

**참고자료** 285
**집필진 소개** 295

# 01

가장 오래된
논쟁의 시작,
직원을 어떻게
바라볼 것인가?

과학적 관리론과 인간관계론

단언컨대 근무 태만은 가장 사악한 행위다.

−프레더릭 테일러

고도화된 산업사회를 사는 우리는 인간과 관계라는
문제 앞에 서 있다.

−엘튼 메이요

# 직원은 일하는 기계인가

경영자에게 직원은 어떤 의미인가? 제 몫을 해내는 기계와 같은 존재인가, 아니면 직장을 매개로 삶을 공유하는 인격체인가? 직원을 바라보는 이 두 시선은 지금부터 150여 년 전, 기업 경영과 관련한 연구들이 태동하던 시기에 처음 대립각을 세웠다. 그리고 그 대립각은 지금까지도 여전히 날카롭다.

직원을 일하는 기계의 관점에서 보기 시작한 사람은 '과학적 관리법(scientific management, 일명 테일러 시스템)'을 제창한 프레더릭 테일러다. 그는 직원들이 기계처럼 효율적으로 일할 수 있도록 최적의 업무 환경을 제공하는 것이 경영자의 가장 중요한 과제라고 설파했다. 이와 달리, 하버드 대학교의 엘튼 메이요 교수는 직장에서의 물리적 환경도 중요하지만, 직원은 다른 사람과 관계를 맺는 인격체로서 심리적 요인도 업무에 큰 영향을 미친다고 주장했다. 테일러와 달리 인간의 얼굴을 한 경영의 필요성을 역설한 것이다.

## 경영자들을 환호하게 한 테일러의 과학적 관리법

2014년 러시아 소치에서 열린 동계 올림픽은 김연아의 은퇴, 빅토르 안의 복귀 등 우리 국민에게 다양한 볼거리를 제공했다. 이상화 선수 덕에 부쩍 관심이 높아진 스피드 스케이팅 종목에서 우리 국민은 네덜란드 스케이팅 선수들의 눈부신 활약상을 목격했다. 기록만 보자면 네덜란드 선수들이 가져간 메달은 총 36개 중 23개로, 금메달만 해도 12개 중 8개였다. 또 이 종목에서 6개의 올림픽 신기록이 나왔는데, 이중 5개가 네덜란드 선수들의 기록이었으니 실로 '싹쓸이'를 했다 해도 과언이 아니다. 남자 5,000m 경기를 중계하던 한 스포츠 해설자는 네덜란드 선수들을 보며 "스케이팅하는 기계를 보는 것 같다."라며 극찬 아닌 극찬을 했다. 아마도 일체의 감정을 겉으로 드러내지 않고 오직 스케이트만 타는 것처럼 보이는 그들의 모습이 끊임없이 돌아가는 기계를 연상시켰기 때문일 것이다.

만일, 회사 직원들이 네덜란드 선수들처럼 일한다면 어떨까? 실제로 지금부터 2세기 전, 모든 직원을 프로 스포츠 선수처럼 키위 일하겠다는 이상을 가진 인물이 있었다. 바로 프레더릭 테일러였다.[1] 테일러는 비교적 부유한 청교도 집안에서 태어나 하버드 법대에 장학생으로 입학한, 매우 장래가 촉망되던 청년이었다. 그러나 남부러울 것이 없던 이 시기, 그는 안질로 인해 시력을 거의 잃고 학업을 포기하게 된다. 그의 나이 18세 때 일이다. 이후 그는 주물 공장의 수습공으로서 사회생활을 시작한다. 법률가가 꿈이었던 테일러에게는 쉽지 않은 일이었지만, 그는 땀 흘려 일하는 보람 속에서 하루하루 최선을 다했다.[2]

이 시기, 테일러가 일하던 공장에는 이렇다 할 근무 윤리가 없었다. 공장 직원이라고 해봐야 정해진 일급(日給)을 받는 비정규직 근로자가 대부분이었다. 이들에게는 열심히 일해야 할 이유도, 동기도 없었다. 어차피 똑같은 돈을 받을 터, 열심히 일한다 해도 달라질 게 없었다. 업무도 고정되지 않아 어제 한 일과 오늘 한 일, 그리고 내일 할 일이 모두 달랐다. 근로자는 이렇듯 일터에서

**프레더릭 테일러(Frederick Winslow Talyor)**
미국의 경영학자. 과학적 관리법을 창안하여 노동 과업을 표준화하고 차별적 성과급 제도를 도입했다. 저서로《과학적 관리법(The Principles of Scientific Management)》(1911)이 있다.

소외되어 있었다.

　테일러는 이런 상황에 대해 깊은 문제의식을 느끼고 "단언컨대 근무 태만은 가장 사악한 행위다."라고 말하기까지 했다. 테일러는 노동자들이 주말 내내 야구 경기를 즐기며 프로 야구 선수들에게는 열광하면서도 정작 직장에서는 프로답게 살지 않는 것은 회사뿐 아니라 개인에게도 심각한 문제라고 생각했다.

　테일러가 생각한 노동자의 모습은 프로 선수들과 유사한 측면이 있다. 인기 스포츠에는 공통의 원리가 있다. 첫째, 최적의 움직임이 있다. 모든 선수들은 공식적으로 검증된 최적의 동작을 체득하기 위해 살신(殺身)의 노력을 거듭한다. 둘째, 동작을 지도하는 코치가 있다. 먼저 코치가 최적의 동작을 체득하고 그 후 선수들에게 이 동작을 지도한다. 마지막으로 성과에 따른 보상이 차등 지급된다. 인기 스포츠일수록 스타 선수와 그렇지 않은 선수간의 보상액 차이가 크다. 성과에 따른 철저한 보상 차별화가 팀의 성과를 견인한다고 믿기 때문이다.

　테일러는 이 원리를 공장의 생산 과정에 그대로 적용했다. 그는 먼저 무쇠 운반, 삽질, 벽돌 쌓기 등의 작업을 할 때 가장 효과적으로 수행할 수 있는 최적의 자세와 동작을 찾았다. 그리고 이것을 매뉴얼로 작성하여 과업 코치들이 먼저 자세와 동작을 숙지한 다음 생산 직원들에게 가르치게 했다. 그 후 직원들의 작업 성과를 모니터링하여 생산량에 따른 차등 보상을 실시했다. 테일러는 이것을 '과학적 관리법'이라고 불렀다.

결과는 어땠을까? 테일러의 과학적 관리 방식은 일대 혁명을 가져왔다. 그의 관리법을 처음 적용한 철강 회사는 인당 생산량이 무려 3.5배나 증가했다. 그뿐만 아니라 인당 급료를 60퍼센트 인상해주고도 총 운영비는 50퍼센트나 절감되는 거짓말 같은 결과가 나왔다. 경영자들은 테일러의 과학적 관리법에 환호했고, 그의 관리법을 적용하는 공장들이 급속히 증가했다.

포드(Ford)사도 이 관리법의 혜택을 본 기업 중 하나다. 포드사는 테일러의 과학적 관리법을 적용한 후, 자동차 업계에서 메이저 기업으로 성장하게 된다. 피터 드러커(Peter Drucker)는 이를 두고 "테일러의 과학적 관리법은 서구 사상에 가장 강력한 영향을 미쳤다."라고 치켜세웠다. 이후 테일러의 과학적 접근법은 '테일러리즘(Talyorism)'이라는 철학이 되어 근대 사상을 대변하는 하나의 이데올로기로 자리 잡는다.

## ● 하이얼의 고속 성장과 테일러리즘

테일러리즘은 지금도 위력을 발휘하고 있다. 이제는 근대 서양의 시대정신을 넘어 현대 기업 정신의 토대가 된 것처럼 보일 정도다.

최근 중국의 무서운 성장세를 이끈 기업 중 하나인 종합가전업체 하이얼(Haier)의 성공 과정에서도 과학적 관리법의 일면이 목격된다. 2014년 기준, 하이얼의 매출은 30조 원에 육박했으며 영업이익률도 소니나 산요 같은 일본의 경쟁 기업들을 2배 이상 앞질렀다. 이러한 고속 성장의 배경에는 테일러리즘이 자리하고 있다. 하이얼은 개인의 기업 수익 공헌도를 공표하고 공헌도에 따라 보상을 하는 정책을 실시하고 있다. 생산 라인에서 일하는 직원들은 품질 향상 기여도와 근태 사항을 수시로 체크받으면서 그에 따른 월급 누적액을 매일매일 확인할 수 있다. 세일즈맨 역시 목에 ID 카드를 걸고 일하다가, 현장에서 손님에게 주어 바로 평가를 받는다. 하이얼의 경영을 간단하게 말하자면, 누구든 일한 만큼 가져갈 수 있으니, 많이 가져가고 싶으면 열심히 일하라는 것이다. 이렇듯 간단하면서 효과가 있는 테일러리즘을 경영자들이 만유인력의 법칙처럼 생각한 것은 당연한 일이다.


## ● 메이요의 인간관계론, 동료를 조명하다

그런데 과학적 관리법은 누구에게나 환영받았을까? 결코 그렇지 않다. 테일러의 관리법이 1911년 책으로 출간되자 미국의 노동계는 크게 반발했다. 테일러리즘이 노동자를 기계처럼 취급했기 때문이다. 인간은 기계와 달리 자유롭게 생각하고 행동할 수 있는 존재다. 그런데 테일러가 이를 억압하고 공장에서 인간성을 말살한다고 본 것이다. 노동계는 장기 파업까지 불사하며 분노를 쏟아냈다. 테일러는 결국 정부 청문회에 불려 나갔을 뿐만 아니라 특별 조사도 받게 되었다. 자신이 창안한 관리법이 경영자뿐 아니라 노동자에게도 도움이 된다고 믿은 테일러였지만 노동자는 그를 적으로 몰아세웠다.

이 시기 테일러와 다른 방식으로 경영 관리에 접근한 학자들이 나타났다. 가장 대표적인 인물이 하버드 경영대학원의 교수 엘튼 메이요다. 그는 호주에서 철학과 윤리를 가르치다가 43세라는 비교적 늦은 나이에 미국으로 이주했다. 그가 처음 접한 미국은 대공황으로 경제가 풍비박산 나고 노사 갈등이 극한으로 치닫던 혼란의 상태에 있었다. 그는 특히 노사 갈등으로 인해 경영자와 노동자 모두가 어려움을 겪는 것을 보고 이 문제를 평생의 연구 과업으로 정한다.

메이요는 동료 교수와 함께 시카고의 호손 지역에 위치한 웨스턴 일렉트릭사 공장에서 생산성 향상에 관한 연구를 진행했다. 당

**엘튼 메이요(Elton Mayo)**
미국의 철학자이자 조직 이론가. 인간관계가 작업자의 생산성에 영향을 미친다는 사실을 밝혀 냄으로써, 인간관계론의 선구 역할을 했다. 저서로《산업 문명의 인간 문제(The Human Problems of an Industrial Civilization)》(1933)가 있다.

© Harvard Business School

시만 해도 테일러의 과학적 관리법은 경영학계에서 일반적으로 통용되고 있었기에, 메이요 역시 이 관리법에 따라 가설을 세우고 검증하고자 했다. 그는 먼저 노동자에게 가장 적합한 물리적인 조건을 찾으려 했다. 공장의 조명 밝기는 얼마여야 하는지, 휴식은 얼마나 취해야 하는지 등을 질문하며 8년 동안 실험을 진행했다.

그런데 그는 실험을 통해 과학적 관리법도 타당하지만 직원들이 어떤 인간관계를 맺는가도 생산성에 영향을 미친다는 사실을 발견했다. 인간관계를 잘 맺는 작업자가 그렇지 못한 사람보다 성과가 더 좋다는 얘기였다. 기본적으로 테일러는 인간관계를 부정적으로 보았다. 테일러에게 있어 동료란 태업 분위기를 조장하는 사악한 무리일 뿐이었다. 하지만 메이요는 이 동료 관계가 바로 생산성을 향상시키는 마스터키임을 재조명했다. 호손 공장에서의 연구는 새로운 경영 패러다임을 탄생시켰다. 메이요를 위시하여 여러 학자들이 이 패러다임에 동조하면서 인간관계학파*가 형성된 것이다.

---

\* 인간관계학파는 여러 실험을 통해, 생산성은 과학적 관리법에서 주장하는 바와 달리 사회적·심리적 조건에도 영향을 받는다는 사실을 밝혀내고, 직장 내 비공식 조직의 중요성과 다면적 존재로서의 인간에 초점을 두고 경영 이론을 전개했다. 주요 학자로는 메이요(E. Mayo)와 뢰슬리스버거(F. J. Roethlisberger) 등이 있다.

## 지식사회의 학습은 인간관계가 좌우

　인간관계론은 조직원들의 자발적인 학습이 중시되는 지식사회에서 더욱 힘을 얻고 있다. 지식사회를 견인하는 업무들, 예를 들어 디자인 기획, 소프트웨어 개발, 연구개발(R&D) 등에는 과학적 관리법으로 계량화할 수 없는 복잡다단함이 존재한다. 작업 코치가 먼저 배우고 이를 작업자에게 가르쳐주는 수동적인 학습 방법은, 이보다 한층 깊이 있는 학습이 이루어지는 지식 노동자에겐 적합하지 않다. 학자들은 이를 설명하기 위해 '암묵지(暗黙知)'라는 개념을 사용했다. 암묵지란 언어로 표현되지는 않으나 우리 몸이 이미 습관적으로 알고 있는 지식의 총체를 말한다.

　우리는 종종 알고 있는 모든 것을 언어와 문서에 담는 데 한계가 있음을 깨닫는다. 예를 들어 레시피에 있는 대로 요리를 해도 그것을 공개한 요리사처럼 근사하게 만들기는 어렵다. 요리사의 고유한 손맛을 레시피에 다 기록할 수 없기 때문이다. 복잡한 일에는 그만큼 더 많은 암묵지가 존재하기 마련이다.

　이런 암묵지는 언어로 전달되는 것이 아니라 함께 일하면서 상대방을 관찰하고 모방하는 가운데, 공유된 경험을 통해 부지불식간에 전달된다. 따라서 지식 전달자이자 수용자인 직원이 좋은 인간관계를 맺고 있다면 수용자는 전달자의 행동을 더 상세하게 관찰할 수 있고 더 많은 것을 모방할 기회를 얻을 것이다. 이뿐 아니라 그러한 신뢰 관계를 토대로 함께 일하는 중에 경험의 공유지를 넓히면서 양자 모두 지식을 발전시켜 나가게 될 것이다. 결국, 좋은 인간관계는 보다 복잡한 일을 처리하는 사람들에게 한층 중요한 학습 기법이자 가치인 것이다.

## 두 이론의 전략적 배합이 경영자의 과제

최근 과학적 관리법을 고수하다 혁신을 위해 인간관계론적 접근을 시도하는 기업들이 늘어나고 있다. 마이크로소프트(MS)도 그런 회사 중 하나로, 2013년 직원 성과 관리 제도인 '스택 랭킹(stack ranking)'을 폐지했다. 스택 랭킹은 직원들을 상대평가하고 이에 따라 순위를 매기는 평가 시스템이다. 1980년부터 CEO 잭 웰치가 이끌던 GE가 사용한 이후로 널리 보급되었고, 'Rank and Yank(순위를 매기고 해고하라)' 시스템이라는 별칭으로도 불렸다. MS의 직원들은 이 제도가 내부 경쟁에 몰두하게 하여 동료와의 관계를 악화시키는 최악의 제도라고 비판해왔다. 그래도 MS는 끈질기게 이 제도를 유지했으나 구글, 애플, 페이스북과 같은 기업들이 혁신적인 제품과 서비스로 자신들을 앞질러 가자 생각을 바꾼 듯하다. 학습을 촉진하는 창의 혁신 문화를 재창출하지 않으면 뒤처질 수 있다는 위기감을 느꼈을지도 모른다. 스택 랭킹 시스템의 폐지는 이러한 맥락에서 그 의도를 읽을 수 있다. 앞으로 MS가 어떻게 혁신적인 기업으로 재탄생할지 지켜볼 일이다.

그렇다면 인간관계론이 과학적 관리법보다 우월하다고 말할 수 있을까? 반드시 그렇지는 않다. 인간관계론이 전보다 힘을 얻고 있는 것은 사실이지만 과학적 관리법은 여전히 효율성을 추구하는 경영자들로부터 굳건한 신뢰를 받고 있다. 다만, 인간관계론이 태동하면서 과학적 관리법도 실패할 수 있다는 점을 인지한 경영자들이, 과학적 관리법에 뿌리를 두면서도 인간관계론을 함께 추구하게 되었다.

그러나 여전히 숙제는 남아 있다. 그것은 어떤 곳에, 어떤 방식으로, 얼마 동안 과학적 관리법 혹은 인간관계론을 활용할지를 전략적으로 고려해야 한다는 점이다. 경영자는 어떤 식으로 이 둘을 배합할 것인가를 결정해야 한다. 과학에는 있지만 예술에는 없는 것이 바로 정답이다. 경영 역시 마찬가지다. 그런 점에서 같은 재료를 가지고도 요리하는 사람이나 레시피에 따라 결과물이 달라지는 음식과 닮았다. 결국 경영자의 역할도 셰프의 그것과 비슷하다 해도 과언이 아닐 것이다.

**02**

조직의 '설계'와 '관리',
무엇이 더 중요할까?

관료제와 경영관리론

관료제는 허점을 찾기 어려운, 기술적으로 가장 합
리적인 조직 형태이다.

-막스 베버

조직이 실패할 확률은 성공할 확률보다 훨씬 높다.
경영자가 할 일은 인간의 한계를 이해하고 어떻게
조직원 간 상호 협력을 끌어낼지 성찰하는 것이다.

-체스터 바너드

## 학계의 슈퍼스타, 관료제를 정의하다

프로와 아마추어가 대결하면 어떤 결과가 나올까? 당연히 프로가 유리하겠지만, 그런 이유 때문에 아마추어가 지레 포기할 필요는 없다. 실제로 아마추어가 이길 때도 있기 때문이다. 그것도 화려한 조명을 받으면서 말이다.

1913년 US오픈 골프대회에는 영국 골프계의 슈퍼스타 해리 바든(Harry Vardon)이 참가했다. 당시 '골프의 교과서'라 불리던 그는 골퍼들에게 잘 알려진 '바든 그립'의 고안자이다. 영국과 미국에서 바든의 우승을 의심하는 사람은 거의 없었다. 한편 같은 대회에 누구도 주목하지 않는 스무 살 미국 골퍼 한 사람이 출전했다. 바로 프랜시스 위멧(Francis Ouimet)이다. 그는 골프에 갓 입문한 가난한 풋내기 골퍼였다. 누구의 주목도 받지 못했지만 위멧은 성실하게 경기에 임했고 마침내 기적과도 같은 결과를 만들어냈다.

영화 〈지상 최고의 게임〉 포스터

풋내기 위멧이 골프의 전설 바든과 마지막 라운드까지 접전을 벌인 끝에 구름같이 몰려든 관중 앞에서 극적인 승리를 거두고 US오픈 트로피를 들어 올린 것이다. 이 사건은 〈지상 최고의 게임〉(2005)이라는 영화로 만들어져 지금까지도 회자되고 있다.

경영학자 사이에서도 프로와 아마추어의 대결에 비견될 만한 논쟁이 펼쳐진 적이 있다. 한 사람은 학계의 슈퍼스타였고, 한 사람은 평범한 회사원이었다. 한 사람은 근대를 대표하는 조직 구조를 설계한 사람이고, 한 사람은 그 구조 안에 인간의 생명을 불어넣은 사람이다. 바로 막스 베버와 체스터 바너드가 그 주인공이다.

막스 베버는 독일의 저명한 사상가로 사회학의 토대를 닦은 대학자이다. 부유한 공무원이자 유력한 정치가로 활동했던 아버지 덕분에 어린 시절 그의 집에는 저명한 학자와 유명 인사가 자주 드나들었다. 이러한 학자들과, 독실한 칼뱅주의 기독교인이었던 어머니는 그의 사상과 인생관에 많은 영향을 끼쳤다.

그는 어린 시절부터 학구열이 남달랐다. 13세에 역사 관련 논문을 썼고, 14세에는 호메로스와 키케로 같은 그리스와 로마 학자들의 책에 주석을 달았다. 그리고 대학 입학 전까지 칸트를 비롯, 근대 철학자들의 사상을 깊이 있게 연구했다. 막스 베버의 학구열은 사회학에서 꽃을 피웠다. 그를 통해 조직이라는 현상이 기틀 잡힌 학문으로 자리 잡았다.

그의 조직 설계 및 운영 원리를 한마디로 표현하면, '관료제'라 할 수 있다. 베버는 경제, 사회, 역사를 연구하면서 서구 사회의 발전 원동력이 법과 제도의 창설에 있다는 점을 간파했다. 혈연관계나 관습에서 비롯된 구시대적 방식을 버리고 법이라는 공식적 권위에 기반한 관리를 통해 발전해왔다는 것이다. 이런 현상은 조직

---

**막스 베버(Maximilian Carl Emil Weber)**
독일의 사회학자. 관료제 등 각종 사회 이론을 정립하여 근대 사회 이론의 기틀을 마련했다. 주요 저서로 《프로테스탄트 윤리와 자본주의 정신(Die protestantische Ethik und der 'Geist' des Kapitalismus)》(1905), 《경제와 사회(Wirtschaft und Gesellschaft)》(1922) 등이 있다.

이라는 영역에도 나타났는데 베버는 이를 관료제라고 명명했다.

베버는 관료제가 어떤 조직 형태보다 기술적으로 우월하다고 확신했다. 그가 말하는 관료란 상사의 자의적인 명령에 따라 임무가 바뀌거나 자신의 목표에 따라 일을 하는 사람이 아니라, 법에 의해 공식적으로 맡게 된 업무를, 법이 명시하는 절차에 따라 안정적으로 수행해 나가는 사람이다. 관료는 법으로부터 나오는 권위를 통해 행정력을 발휘한다. 그런 관료를 뽑고, 그들이 일할 수 있도록 업무 수행 절차와 보고 체계를 짜고, 이를 통해 조직의 임무를 수행하는 것이 바로 관료제로 운영되는 조직의 모습이다.


## ● 관료제는 효율적이고 유연한 시스템

그가 명명한 관료제는 조직 이론 교과서의 핵심으로 자리 잡으면서 행정, 군대, 기업 등에 폭넓게 적용되었다. 하지만 그만큼 관료제에 대한 사람들의 오해도 깊다. 보통 관료제라 하면 사람들은 관료주의, 권위주의를 떠올린다. 이유도 없이 불필요한 절차를 밟게 하고, 고객들의 편의와 요구를 쉽게 무시하고, 환경이 변해도 여전히 예전의 업무 방식을 고집하는 게 관료제가 아니냐고 묻는다. 따라서 유연성, 창의성, 학습이 요구되는 환경에서 관료제는 박물관의 유물처럼 취급되기도 한다. 그러나 관료제는 효율적일 뿐만 아니라 그 작동 방식도 매우 유연하다.

워싱턴 세인트루이스 대학교의 스튜어트 분더슨(J. Stuart Bunderson) 교수는 미국의 경제 전문지 《포천(Fortune)》이 선정한 글로벌 500대 기업 중 하이테크 산업에 속한 100개 기업의 기술 개발 팀을 대상으로 관료제에 대한 연구를 진행하여, 이를 2010년 학술지 《조직 과학(Organization Science)》에 발표했다.

분더슨 교수는 팀이 자유롭게 팀 구조를 결정할 수 있는 상황에서 어떤 시스템을 선택하는지, 그리고 그 효과는 무엇인지를 관찰했다. 만일 관료제 시스템이 비효율적이라면 팀들은 다른 시스템으로 업무를 설계했을 것이다. 그러나 높은 성과를 달성하는 팀은 대부분 관료제를 택했다. 그런 팀들은 각자 해야 할 임무를 명확히 한 후 업무를 분장했고, 업무 지시에도 위계질서를 두었으며, 과업 프로세스에 있어서도 팀의 목표와 업무 우선순위를 공식화했다.

언뜻, 그런 팀일수록 업무 경직성이 높을 것이라고 생각하기 쉽지만, 분더슨 교수는 관료제를 택한 팀원들이 정보를 보다 효과적으로 공유한다는 점을 발견했다. 관료제하에서 일하는 팀원들은 누가 어떤 정보를 가지고 있고 어떤 정보를 필요로 하는지를 잘 알기 때문에 정보를 과잉 공유하지 않았다. 또한 팀원 간의 갈등도 적었다. 업무가 서로 겹치지 않기 때문에 업무상 겪어야 할 충돌이 최소화되었던 것이다. 분더슨 교수는 높은 수준의 관료제 형태를 조직 구조로 택한 팀이 그렇지 않은 팀에 비해 학습 성과도 좋다는 사실을 발견했다.[1]

## 그러나 시스템을 움직이는 것은 사람

　그렇다면 관료제의 아성에 도전할 수 있는 것은 어떤 조직일까? 체스터 바너드는 인간의 얼굴을 한 조직 체계를 꿈꾸며 관료제의 한계를 극복하고자 했다. 관료제가 득세하던 시절, 그의 경영 아이디어는 신선한 충격을 주었고 이후 경영 사상에 한 획을 그을 정도로 막강한 영향력을 발휘했다. 그의 생각은《경영자의 역할》에 잘 나타나는데, 이 책은 1950년대 허버트 사이먼 교수와 그가 이끄는 카네기학파\*에 직접적인 영향을 미쳤다. 후에 인간의 사고, 행태에 대해 깊은 이해를 도모한 공로로 사이먼 교수는 1978년 노벨 경제학상을 수상했다.

　그러나 바너드는 그의 이론이 발휘한 영향력에 비하면 그렇게 널리 알려진 인물도 아니었고, 학자로서 경력을 쌓은 것도 아니었다. 그는 하버드 대학교를 중퇴하고 AT&T사의 평범한 사원으로 사회생활을 시작했다. 이후 관리자가 된 그는 경영학자들과 소통하고, 대학에서 자주 강연도 하면서 학계와 연을 맺고 자신만의 독특한 관리 이론을 정립했다. 비록 학자로서의 경력은 아마추어에 불과했지만 그의 생각은 프로보다 훨씬 프로다웠다.

---

\* 1950~1960년대 카네기 멜론 대학교를 중심으로 일었던 신경제학 운동을 가리킨다. 인간의 제한된 합리성과 같이 당시 새롭게 이론화된 심리 현상과 인간의 의사 결정 과정을 기반으로 행동기반 조직 이론을 탄생시켰다. 주요 학자로는 노벨 경제학상을 수상한 허버트 사이먼(Herbert A. Simon)과 제임스 마치(J. March)가 있다.

체스터 바너드(Chester I. Barnard)
미국의 기업가 및 경영 저술가. AT&T사에서 경력을 닦은 경험과 독특한 통찰력을 바탕으로 새로운 경영 이론을 제시했다. 저서로는 《경영자의 역할(The Functions of the Executive)》(1938)이 있다.

막스 베버는, 관료는 어떠한 사적인 이해관계보다 법과 절차를 우선시하고 모든 업무를 그 안에서 처리해야 한다고 말했다. 그러나 바너드가 생각하기에 그런 모습의 조직은 이상적이기는 해도 비현실적이었다. 바너드가 본 조직은 서로 다른 생각, 관점, 배경을 가진 독립적 인간들의 집단이었다. 그는 조직의 목표와 개인의 가치는 충돌할 수밖에 없는 것이 일면의 현실이라고 보았다. 따라서 조직을 어떻게 설계하느냐보다 경영자가 어떻게 조직을 관리하느냐가 더 중요하다고 생각했다. 그가 말하는 경영이란 조직의 목표와 개인의 가치를 한 방향으로 이끌어 나가는 과정이었다.

베버의 관료제와 바너드의 경영관리론은 그들의 인간관에서 결정적 차이를 드러낸다. 관료제는 인간의 논리성을 기반으로 하는 조직이다. 따라서 인간의 감정과 같은 비논리성은 관료의 덕목이 아니었다. 관료는 일을 할 때 "어떻게 하는 것이 옳은가"를 묻는다. 개인적으로 마음에 들지 않는 결정이 내려지더라도 합리적이라고 판단되면 마땅히 그 결정을 따라야 한다. 하지만 관료제

안에서도 사람들은 때때로 무엇이 옳은지를 판단하기 어려운 상황에 부딪히곤 한다. 이때 현실의 이면을 깊이 성찰하고 이를 뛰어넘지 못하면 관료의 '옳기만 한' 행동은 상황을 더 악화시킬 수도 있다.

일례로 나치당원 카를 아돌프 아이히만(Karl Adolf Eichmann)은 유대인 학살의 실무 책임자로서 1960년 아르헨티나에서 체포되어 전범 재판을 받았다. 그는 자신이 유대인을 학살한 것은 상부의 지시를 따른 행위였을 뿐이라고 해명했다. 독일의 철학자 한나 아렌트(Hannah Arendt)는 이 재판을 지켜보며 아이히만은 관료로서 성실하고 근면했으며 결코 도덕성이 부족한 사람도 아니라는 점을 인정했다. 그럼에도 그가 유죄일 수밖에 없는 것은 시대의 한계를 넘어서지 못하고 관료의 한 사람으로서만 순응했기 때문이라고 평했다.

반면, 바너드는 인간이 비논리적일 수 있다는 점을 고려했을 뿐만 아니라 인간의 비논리성이 조직에 활력을 줄 수 있다고 보고, 이를 적극 활용하도록 조언했다. 인간에게는 무엇이 '옳은가'를 판단하기 어려운 경우 무엇이 '좋은가'를 생각할 수 있는 유연함과 재치가 있다는 것이 그의 지적이었다.

우리에게 영화로도 잘 알려진 오스카 쉰들러(Oskar Schindler)가 좋은 예이다. 아이히만과 마찬가지로 쉰들러 역시 나치당원이었으나 아이히만과는 다른 선택을 했다. 그는 나치 수용소에서 박해받는 유대인들을 도와주기로 했다. 수감된 유대인들을 보호하기 위해 자신의 공장에 그들을 대거 고용했고, 각종 편익을 제공하기 위해 나치 공무원들에게 뇌물을 주고 위조된 문서를 제출하기도 했다. 그는 1,200명에 달하는 유대인들을 아우슈비츠 수용소로 이송되기 전에 구출했고, 1,000여 명이 넘는 유대인들을 대학살에서 구해냈다. 근면성실한 관료였던 아이히만과 달리 쉰들러는 윤리적으로 흠이 많았다. 어린 시절 성적증명서 위조로 학교에서 퇴학을 당했고, 청년 시절 첩보원으로 활동하다 사형 선고를 받은 적도 있다. 어떤 사람은 그를 탐욕적인 기업가로 폄하하기도 했다. 그러나 그가 어떤 사람이냐는 그의 사후가 분명하게 말해준다. 1974년 사망한 그는 나치당원 중 유일하게 이스라엘의 신성한 땅, 시온 산에 안장되었다.

## ● 노키아의 몰락 원인은 공감의 부재

인간에게는 공감 능력이 있다. 상대방이 처한 상황과 표정을 보며 감정을 읽을 수 있고 상대방과 같은 감정을 느낄 수 있다. 우리는 동료와 함께 기뻐하기도 하고, 함께 슬퍼하기도 한다. 별것 아닌 듯 보일 수도 있는 공감의 힘이 조직 안에서 제 힘을 발휘하지 못하면 기업은 큰 위기에 처할 수 있다.

한때 노키아(Nokia)는 무선통신사의 대명사로서, 다른 기업들이 감히 넘볼 수 없는 독보적인 위치를 점하고 있었다. 하지만

2007년 스마트폰이 나오면서 시장 지배력을 잃고, 결국 2013년 MS에 인수된 후 몰락의 길을 걸었다. 그동안 노키아 몰락의 원인에 대해서는 많은 분석이 이루어졌다. "소프트웨어가 약했다.", "변화에 안일하게 대응했다." 등 여러 원인이 제시되었다.

2014년 3월, 전 노키아 CEO, 올리 페카 칼라스부오(Olli Pekka Kallasvuo)가 노키아의 실패 원인을 직접 밝혀서 주목을 끌었다. 그는 노키아의 몰락 원인으로 회사와 직원 간 공감의 실패를 꼽았다. 무선통신 시장이 급변하자 임직원들은 각자 나름의 경험과 감각으로 이를 이해하고 반응하고 있었는데, 회사가 임직원들의 감각을 한 곳으로 집중시켜 공감을 이끌어내고 적절한 대응책을 찾는 데 실패했다는 것이다.[2] 서로 공감할 시간도 없이 주어진 일을 반복적으로 처리하는 데만 급급했던 직원들은 집단적인 무감각 속에서 도전 의식을 잃어버렸고 노키아는 점점 쇠약해졌다. 환경의 변화로 인해 시시각각 발생하는 사건들이 전사적인 공감과 성찰로 이어지지 못한다면 전 직원의 성실한 임무 수행은 새로운 환경에서 조직의 몰락을 자초할 뿐이라는 교훈을 주는 사례이다.

베버가 조직을 어떻게 설계해야 하는지를 연구했다면, 바너드는 그 조직이 어떻게 현실에 발붙이고 운영될 수 있는지를 논했다. 베버가 관료제를 통해 조직의 질서와 규칙을 강조했다면, 바너드는 이런 조직이 감각을 가진 인간과 같이 어떻게 생명력을 가지고 불확실한 환경을 헤쳐 나갈 수 있는지를 역설했다. 비유하자면 베버는 기초가 튼실한 프로 선수이고 바너드는 프로 이상의 통찰력을 갖춘 아마추어 선수라 할 수 있다.

기업을 하기 위해 조직을 세울 때는 먼저 베버의 관료제를 염두에 두고 조직을 체계적이고 면밀하게 설계하기를 권한다. 그러나 잊지 말아야 할 것은 경영의 주체는 결국 사람이라는 점이다. 인간이 가진 다채로운 가능성을 무시한 조직, 공감 능력을 상실한 조직은 그만큼 실패할 확률이 높다. 조직을 체계적으로 설계하되, 인간의 얼굴을 한 조직이 되도록 그 조직을 경영하는 것이야말로 베버와 바너드가 함께 말하는 인재경영의 핵심이라 하겠다.

**03**

# 기술적 효율성을
따질 것인가?
사회적 정당성을
따를 것인가?

상황 이론과 제도 이론

조직은 현재 직면한 환경의 불확실성 정도에 맞춰
적절한 구조를 선택해야 한다.

-폴 로렌스, 제이 로시

조직은 사회의 일원으로서 사회가 생각하는 가장 정
당한 관리법이 무엇인지 찾고 그에 맞게 행동한다.

-필립 셀즈닉

# 기업 환경을 고려한 인재경영이 필요하다

1900년대 초반에 등장한 프레더릭 테일러의 과학적 관리론과 엘튼 메이요의 인간관계론, 막스 베버의 관료제와 체스터 바너드의 경영관리론은 서로 상반된 주장을 펼쳤다(〈01. 가장 오래된 논쟁의 시작, 직원을 어떻게 바라볼 것인가?〉, 〈02. 조직의 '설계'와 '관리', 무엇이 더 중요할까?〉 참고). 이 이론들의 공통점은 모두 기업을 둘러싼 환경은 배제한 채, 합리적 사고를 하는 존재로서의 인간만을 고려했다는 것이다.[1]

그런데 환경이 급변하는 시대에는 상황을 고려한 인재경영이 필요하다고 주장하는 학자들이 등장하기 시작했다. 이 장에서는 기업 환경 관리에 대하여 서로 다른 주장을 펼친 폴 로렌스와 제이 로시의 '상황 이론'과 필립 셀즈닉의 '제도 이론'을 살펴보려고 한다.

## 상황 이론: 효율성이 최적의 선택 기준

폴 로렌스와 제이 로시는 스승과 제자 사이로, 폴 로렌스는 제이 로시의 박사학위 과정 지도교수였다.

1922년 미국 일리노이 주 뉴로셸에서 태어난 폴 로렌스는 청소년기를 미시간 주 그랜드 래피즈에서 보냈다. 당시 이곳에서는 자동차 기업의 노조와 경영진 사이에 물리적 충돌이 끊이지 않았다. 이러한 상황을 자주 목격한 폴 로렌스는 이 문제를 해결하는 데 연구 역량을 집중하기로 했다. 이 목표에 따라 그는 1947년 하버드 대학교에서 MBA를, 1950년에는 사회학 박사학위를 취득했고, 이후 조교수, 부교수를 거쳐 1960년에 정교수가 되었다. 그리고 1967년 제자인 제이 로시와 함께 지금까지 2,000회 이상 인용된 역작《조직과 환경》을 발표했다. 그리고 2011년 11월 1일, 89세를 일기로 사망하기 전까지 무려 26권의 책과 수많은 논문을 발표했다.

제이 로시는 1932년 미국 미주리 주 세인트 조셉에서 태어났다. 1956년 컬럼비아 대학교에서 석사학위를, 1964년 하버드 대학교에서 박사학위를 취득한 후 1965년부터 하버드 대학교에서 교수 생활을 시작했다. 2015년 현재 83세인 로시는 2012년《이 사회의 미래》를 출간할 정도로 여전히 왕성한 연구 활동을 펼치고 있다. 로시는 하버드 대학교 박사과정 시절 지도교수를 찾던 중 우연히 로렌스의 연구실에 들어갔다가 평생의 연구 동지를 만

**폴 로렌스(Paul Lawrence)**
미국의 사회학자. 환경에 따른 조직의 분화와 통합, 조직에서의
인간 행동에 대해 연구했다. 제이 로시와의 공저《조직과 환경
(Organization and Environment)》(1967)을 비롯해《드라이븐 투 리드
(Driven to Lead)》(2010) 등 많은 책을 빌간하였다.

**제이 로시(Jay Lorsch)**
미국의 경영학자. 폴 로렌스의 제자로 로렌스와 함께 조직과 환경에
대해 연구했으며, 조직 지배구조에도 관심을 기울였다. 공저《조직과
환경》외 주요 저서로《기업 경영의 이해(Understanding Management)》
(1978),《이사회의 미래(The Future of Board)》(2012) 등이 있다.

났다. 한 인터뷰에서 그는 "로렌스를 처음 만난 날은 정말 운이 좋
았다. 그는 나를 동반자로 대해주었고, 그의 지식과 경험을 모두
공유해주었다."라고 회상했다.

이들은 과학적 관리론이든 인간관계론이든 어느 한쪽이 언제
나 더 효율적인 것은 아니라고 생각했다. 상황에 따라 테일러의
과학적 관리론이 더 효율적일 수도 있고, 메이요의 인간관계론이
더 효율적일 수도 있다고 본 것이다. 이것이 상황 이론이 주장하
는 바다.

"과학적 관리론은 안정적인 사업 환경에서, 인간관계론은 급변
하는 환경에서 보다 적합하다." 즉, 환경에 적합한 관리법을 찾으

면 되는 것이지, 유일무이의 최고 경영 기법 같은 건 존재하지 않는다는 게 그들의 주장이었다.[2] 예를 들어, 에너지, 철강, 조선 산업과 같이 경영 환경이 비교적 안정적인 분야에서는 중앙 부서가 모든 조직을 통제하고, 직원들에게는 직무 기술서에 기반한 명확한 목표를 부여한 후 목표 달성 정도에 따라 성과급을 지급하는 것이 효율적이다. 어차피 외부 환경은 쉽게 변하지 않을 테니, 내부에서는 가장 안정적이고 신속한 과학적 관리법이나 관료제를 운영하는 것이 좋다는 주장이다.

하지만 전자, ICT, 첨단 장치 산업과 같이 환경이 급속도로 변하는 분야의 경우에는 그렇지 않다. 법과 시스템대로만 처리한다고 해서 변화에 신속하게 대응할 수 있는 것이 아니다. 따라서 환경의 불확실성에 맞춰 다양한 부서를 조직하고, 직원들에게 전폭적인 자율권을 주는 것이 효율적이다. 이렇게 기업 환경의 차이에 따라 적용하는 관리법도 달라야 한다는 것이 로렌스와 로시의 생각이었다.

●   ## 시스코와 코닥의 엇갈린 운명

세계 최대의 통신장비업체인 시스코 시스템즈(Cisco Systems, 이하 시스코)는 변화하는 환경에 효과적으로 대응해온 대표적인 기업이다. 2001년에는 고객 유형의 차별성이 모호해진 환경에 대응하기 위해 기존의 사업부제를 과감히 폐지하고, 엔지니어링과 마케팅 중심으로 조직을 변신시켰다. 사업부제는 고객 유형에 따라 제품에 대한 요구 사항이 확실하던 과거에는 적합했으나, 고객 특화 제품보다는, 광범위하게 활용할 수 있는 제품들을 신속하게 공급하여 시장에서 경쟁 우위를 극대화해야 하는 환경에서는 적합하지 않다고 판단했기 때문이다.

시스코는 치열한 경쟁으로 인해 수익성이 악화되던 2011년에도 대규모 사업 조정을 통해 회사를 탈바꿈시켰다. 2011년에서 2012년 사이에 20개의 기업들을 인수 합병하고 수익성이 낮은 사업은 과감히 정리하여 본업인 스위칭 허브(switching hub, 일명 스위치) 등 네트워크 설비와 동영상 솔루션에 역량을 집중했다. 또 전 세계 직원의 15퍼센트를 감원하는 강도 높은 구조조정을 단행하여 비용 절감을 실현했다.

2013년, 최대의 실적을 올렸음에도 시스코는 다시 한 번 변화를 시도했다. 전 세계적으로 IT 투자의 불확실성이 심화됨에 따라, 시장 변화에 유연하게 대응하고 신성장 분야에 역량을 집중하기 위해서였다. 사물 인터넷과 빅데이터를 핵심 사업으로 전략화하여 빅데이터 부문과 데이터 센터, 클라우드 컴퓨팅, 모바일 사업에 주력했다.

반대로 경영 환경 변화에 적응하지 못해서 몰락한 기업도 있다. 코닥은 131년 장수 기업이었다. 1987년 《포브스(Forbes)》의 조사에 따르면 70년 동안 시가총액의 평균 성장률이 시장의 평균 성장률을 상회한 기업은 GE와 코닥뿐이었다. 하지만 이런 장기간의 성공이 코닥을 주저앉히고 말았다. 후지와 소니 등의 경쟁사가 디지털 카메라 시장에 신속히 진입했을 때 코닥은 이에 크게 반응하지 않았다. 1975년 업계 최초로 디지털 카메라를 발명해놓고도 디지털화가 기존 사업에 크게 영향을 줄 만큼 빠르게 전개될 것이라고 판단하지 않았기 때문이었다.

하지만 예상과 달리 디지털화는 급속도로 전개되었다. 뒤늦게 변화된 환경에 적응하기 위해 노력하면서도 코닥은 여전히 필름 카메라에서 얻는 이득에 미련을 버리지 못했다. 그 결과, 환경 변화에 적절하게 대응하지 못한 채, 수익성은 낮고 규모만 큰 기업이 되었다. 뒤늦게 '어드밴틱스 프리뷰(Advantix Preview)'라는 필름이 필요한 디지털 카메라를 내놓았지만 이미 경쟁사들이 시장을 선점한 뒤였다. 결국 내리막길을 걷기 시작한 코닥은 2012년 파산 신청을 하기에 이른다.[3]


## • 제도 이론: 조직은 사회적 정당성을 추구한다

이런 상황 이론과 대척점에 있는 이론이 제도 이론이다. 제도 이론의 창시자라 할 수 있는 필립 셀즈닉은 1919년 1월 미국 뉴저지주 뉴어크에서 태어났다. 셀즈닉은 1938년 뉴욕 시립대학교를 졸업했는데, 재학 시절에는 러시아의 10월 혁명 주동자인 레온 트로

**필립 셀즈닉(Philip Selznick)**

미국의 사회학자. 조직 변화에 영향을 미치는 조건들을 주로 연구했으며, 리더십에도 관심을 보였다. 저서로는《테네시강 유역 개발공사와 풀뿌리(TVA and Grass Roots)》(1949),《휴머니스트 과학(A Humanist Science)》(2008) 등이 있다.

츠키(Leon Trotskiy)를 연구하는 급진적인 조직을 이끌기도 했다. 1942년 그는 컬럼비아 대학교에서 사회학 석사학위를, 1947년에는 사회학 박사학위를 취득했다. 미네소타 대학교에서 1년, UCLA에서 5년간 강의한 후 1952년 UC 버클리 대학교에 사회학 조교수로 부임했고 2010년 버클리에서 91세를 일기로 사망했다.

제도 이론의 핵심은 조직 구조는 제도적 환경의 압력을 받는다는 것이다. 그는 조직 구조는 유기체처럼 외부 환경에 적응해 나간다고 주장했다. 셀즈닉에 의하면 조직은 "계속적으로 환경에 적응하면서 공동의 목표를 달성하기 위해 공식적 · 비공식적 관계를 유지하는 사회구조"이다.

셀즈닉은 '환경'이라는 조건을 보다 자세하게 들여다보았다. 한때 그는 테네시강 유역 개발공사(TVA, Tennessee Valley Authority)를 조사한 적이 있다. 1933년 미국 경제 부흥을 위한 뉴딜 정책의 일환으로 만들어진 이 조직은 뉴딜 정책 종료 후에도 그대로 존속되었다. 다만, 기존에는 뉴딜 정책 실행을 위해 중앙집권적 형태로 운영되었지만, 정책이 종료되자 지역 정부에 밀착된 분권적 조직으로 바뀌어, 지역사회의 이익을 위해 활동한 게 차이였다.[4]

　그는 이 사례를 연구하면서, 조직이 안전을 도모하고 리더십을 강화하기 위해 조직에 영향을 미치는 외부 단체들을 내부로 흡수한다는 사실을 발견했다. 또 로렌스와 로시의 주장처럼 기업은 환경에 맞춰 가장 효율적인 조직 형태를 택하는 것이 아니라, 사회가 생각하는 가장 정당한 관리법을 찾아 그에 맞게 행동한다고 주장했다. 이것이 그가 주장한 제도 이론의 핵심이다. 즉, 사회가 과학적 관리법이나 관료제를 정당한 것으로 생각하면 그것을 택하고, 인간관계론을 정당한 것으로 생각하면 그것을 택한다는 것이다.

　셀즈닉의 이러한 주장은 당시만 해도 너무 독창적으로 여겨져 힘을 얻지 못했다. 하지만 20년 뒤 신제도 이론 학자들의 등장으로 다시 힘을 얻으면서 그의 주장들이 증명되었다. 한 예로 시대의 유행에 따라 변하는 인사 제도의 흐름을 들 수 있다. 사회학자 모너핸, 마이어 그리고 스콧은 제1차 세계대전 이전 전쟁의 시대에는 테일러의 과학적 관리법이 정당성을 가져 통제와 효율을 중시하는 기계적 작업 방식이 유행했지만, 제2차 세계대전 이후 평화의 시대에는 인간관계론에 기초한 조직 시민 모델이 정당성을 가져 자유롭고 창의적이며 유연한 작업 방식이 유행했다는 것을 증명했다.[5] 이는 평화의 시대에는 통제와 규율을 기반으로 하는 테일러의 과학적 관리론보다 자율과 창의를 기반으로 하는 인간관계론이 정당성을 얻었음을 의미한다.

## 합의 없는 제도가 초래한 후지쯔의 실패

후지쯔는 한때 토털 솔루션 분야에서 IBM에 견줄 정도로 막강한 기업이었다. 하지만 1990년대 들어 IT 시장의 경쟁 특성이 기존 콘셉트에 대한 변화보다 혁신적인 제품 개발 경쟁으로 바뀌면서 성장이 정체되기 시작했고, 마침내 1992년에는 적자를 내게되었다. 이때 후지쯔는 실리콘밸리를 중심으로 유행하던 미국 기업들의 성과주의 인사 제도를 전격 도입했다. 당시 목표관리제도(MBO), 고성과자를 발굴하기 위한 강력한 인센티브, 철저한 상대평가, 연봉제 등은 무조건 좋은 것이고, 받아들여야 하는 제도로 인식되고 있었다. 하지만 막상 제도가 도입된 후, 철저한 상대평가로 인해 목표를 달성해도 좋은 평가를 받지 못하는 사람이 생기자 제도에 대한 냉소와 불신이 이어졌다.

사전에 제도 시행과 관련한 충분한 설명과 합의가 구축되지 않은 상태였기 때문에 평가자의 의식이나 절차가 미비해서 생기는 운용상의 문제도 많았다. 연공과 학벌을 중시하는 관리 풍토가 지배적인 상황에서 목표 관리와 평가 관리가 공정하게 실행되지 않은 것도 문제였다. 그 결과 2001년 사상 최대의 적자를 기록하면서 결국 후지쯔는 성과주의 인사 제도를 포기했다.[6] 자사의 상황에 맞는 제도를 고민하지 않고 연공주의는 '악(惡)', 성과주의는 '선(善)'이라는 인식, 즉 사회가 정당하다고 생각하는 제도에 대한 무조건적인 맹신이 빚은 결과였다.

로렌스와 로시, 셀즈닉의 이론은 대척점에 서 있다. 환경에 대한 관리법을 놓고 한쪽은 기술적 효율성의 관점으로, 한쪽은 사회적 정당성의 관점으로 본다. 두 이론의 대결은 그 자체로도 흥미롭지만, 두 가지 관점에서 환경을 생각해볼 수 있다는 점에서 경영자들에게 많은 시사점을 준다. 우리 기업이 취하고자 하는 인사제도가 현재 환경에 가장 효율적인가를 고민하는 한편, 이 사회에서 바람직한가 생각해볼 수 있기 때문이다. 아무리 효율적이어도, 사회적 합의를 얻지 못한 제도는 힘을 발휘할 수 없을 것이다.

**04**

# 슈퍼맨과 어벤져스,
# 누가 더 강할까?

거래 비용 이론과 사회공동체론

조직은 비용 때문에 존재한다.

-올리버 윌리엄슨

자본(돈) 옆에는 항상 좋은 이웃이 있다.

-로버트 퍼트넘

## 어벤져스는 왜 한 팀이 되었을까

2015년 4월 개봉된 〈어벤져스: 에이지 오브 울트론〉은 개봉 전부터 전 세계 영화 팬들의 집중적인 관심을 받았다. 특히 서울을 배경으로 하는 장면들이 담겨 있어 한국 팬들의 기대가 컸다.

어벤져스는 아이언맨, 캡틴 아메리카, 헐크, 토르 등 지구를 지키는 슈퍼 히어로들이 모인 팀이다. 영화는 흥미롭지만, 보다 보면 의문이 하나 생긴다. 왜 이들은 슈퍼맨처럼 혼자 다니지 않고 한 팀을 이룬 것일까? 각자 개성도 강하고 성격도 달라 티격태격할 때가 많을 텐데 말이다. 인재경영을 고민하는 관리자가 한 번쯤 생각해봤을 법한 문제다.

"인재들은 모여 있어야 하는가?"라는 질문에 대해 학자들은 "꼭 그렇지는 않다."라는 입장과 "모여 있을수록 좋다."라는 입장으로 양분된다. 이번 장에서는 이렇듯 양분된 입장을 대표하는 이론 틀을 제공한 사람을 소개하고자 한다. 기업이라는 조직을 경제제도의 관점에서 바라본 올리버 윌리엄슨과 사회공동체의 관점에서 바라본 로버트 퍼트넘이다.

## • 거래 비용 이론: 조직이 존재하는 이유는 거래 비용 때문

올리버 윌리엄슨은 1932년생으로 2015년 현재 84세의 나이에도 불구하고, 버클리 대학교에서 여전히 현역으로 활동하고 있다. 젊은 시절 카네기 스쿨 대학원에 재학할 당시, 그는 "시장에는 왜 조직이라는 것이 존재하는가?"라는 질문에 관심을 갖게 된다. 언뜻 바보 같은 소리로 들리는 이 질문을 맨 처음으로 던진 학자, 로널드 코스(Ronald Coase)는 그에 대한 답으로 거래 비용(transaction cost)이란 개념을 세상에 내놓음으로써 1991년 노벨 경제학상을 수상했다. 코스의 거래 비용 이론에서 출발한 윌리엄슨은 어째서 어떤 거래는 기업 안에서 이뤄지고 어떤 거래는 시장에서 이뤄지는지를 밝히기 위해 사회 제도에 관한 연구를 광범위하게 진행했다. 그 공로로 윌리엄슨 역시 2009년 노벨 경제학상을 수상했다.

시장에 조직이 필요한가? 이는 결코 엉뚱한 질문이 아니다. 이는 기업가들이 직면한 냉엄한 현실이다. 사업을 시작할 때 해야 할 일들과 그 어려움을 생각해보자. 투자를 받고 싶은데 적절한 투자

처를 못 찾을 수도 있고, 제품을 만들고 싶은데 이를 만들어줄 공
장을 못 찾을 수도 있을 것이다. 또 제품을 거래해야 하는데 적절
한 파트너와 소비자를 못 찾을 수도 있다. 찾는 것도 일이지만, 찾
더라도 상대방과 계약을 하고, 이 계약이 문제없이 수행되는지 계
속해서 모니터링해야 한다. 이런 환경에서 기업가 혼자서 모든 일
을 하는 것은 불가능하다.

코스와 윌리엄슨은 이렇게 기업가들이 겪는 불편함을 거래 비
용이라고 통칭하고, 그 비용이 바로 시장에 조직이 존재하는 이유
라고 설명한다. 만일 기업 내에 투자처, 공장, 파트너 등을 함께 둔
다면 그리고 이 일들을 처리해줄 사람들을 고용한다면 기업가는
시장에서 발품을 팔지 않아도 될 것이다.

그런데 거래 비용이 줄어들면 어떤 일이 벌어질까? 즉 시장에
서 투자처나 공장이나 사업 파트너를 용이하게 찾을 수 있다면
말이다. IT 기술의 발달은 실제로 거래 비용을 상당히 낮춰주었

다. 현재, 벤처기업들은 크라우드펀딩(crowd funding)* 등을 활용해 온라인에서 손쉽게 투자처를 찾을 수 있게 되었고, 3D 프린터를 통해 공장을 지을 필요 없이 다양한 제품을 빠른 시간 안에 생산할 수 있게 되었으며, SNS를 통해 전 세계를 대상으로 사업 파트너 혹은 소비자와 역동적인 네트워크를 형성할 수 있게 되었다. 윌리엄슨은 거래 비용이 줄면 기업의 크기도 줄어들 것이라고 주장했다. 거래 비용이 없다면 기업가 혼자서도 충분히 사업을 진행할 수 있다는 말이다.


## ● 혼자 하면 정말 잘할 수 있을까

현재 우리나라는 미국의 실리콘밸리와 이스라엘 텔아비브의 벤처기업 단지를 모델로 지식창조경제를 구상하고 이를 실현하기 위해 노력하고 있다. 구체적으로는 '1인 창조기업'을 새로운 성장 동력으로 주목하고 있다. 1인 창조기업이란 '창의성과 전문성을 갖춘 1인이 상시 근로자 없이 지식 서비스업, 제조업 등을 영위하는 기업'으로 정의된다. 정부는 누구든 아이디어만 있으면 바로 기업을 만들 수 있도록 각종 법률적·제도적 기반을 마련했다.

---

\* 군중(crowd)으로부터 자금 조달(funding)을 받는다는 의미로, 자금이 필요한 개인, 단체, 기업이 웹이나 모바일 네트워크 등을 이용해 불특정 다수로부터 자금을 모으는 것을 말한다(자료: 두산백과).

1인 창조기업은 대기업이 주도해온 경제성장의 대안으로 주목받고 있으며 점차 지식경제를 대변하는 주류로 자리 잡을 것으로 기대된다. 윌리엄슨의 이론대로 정부가 나서서 적극적으로 사업 수반 비용을 낮춰주는 제도적 장치들을 만들었기 때문에 가능한 일이라고 볼 수 있다.

그런데 혼자 하면 정말 잘할 수 있을까? 다트머스 대학교의 앨바 테일러(Alva Talyor) 교수는 노르웨이 경영대학 헨리히 그리브(Henrich R. Greve) 교수와 함께 혁신을 창출함에 있어 개인과 팀 중 어느 쪽이 적합한지 연구하기 위해《슈퍼맨》과《어벤져스》시리즈를 만들어낸 미국의 코믹북 산업을 조사했다.[1] 그는 이 연구를 통해, 경험을 충분히 쌓은 작가는 팀을 이뤄 작품 활동을 하는 작가들보다 실패할 확률도 높지만 보다 혁신적인 작품을 낼 확률도 높다는 사실을 발견했다.

경험이 풍부한 작가에게 다양한 배경을 가진 팀원들의 존재는 도움이 되기보다는 부담이 될 확률이 높다. 사공이 많으면 배가 산으로 간다는 말도 있듯이, 하나의 스토리를 일관되게 이어가기 위해서는 여러 사람의 참여보다 경험 많은 한 사람이 펜을 잡는 게 나을 수 있다. 보통 대작(大作)은 한 사람의 거장(巨匠)에 의해 탄생되는 경우가 많다. 아무리 날고 기는 인재들이 똘똘 뭉쳐도 거장의 작품 세계가 갖는 깊이를 따라가기는 어려운 것이다.

한 명의 작가가 혼신의 힘으로 탄생시킨 작품은 웬만한 대기업 상품 이상의 가치를 창출하기도 한다. 영국의 소설가 조앤 롤링의

《해리 포터(Harry Porter)》 시리즈는 1997년 출간 이후 약 4억 5,000만 부 이상 판매되었고, 300조 원 이상의 매출을 기록했다고 한다. 할리우드에서 영화 시리즈로 만들어져 전 세계에서 흥행하기도 했다. 이런 예는 가까운 나라 일본에서도 찾을 수 있다. 일본 만화가 오다 에이치로의 작품 《원피스(ワンピース)》는 1997년 처음 출간을 시작한 이래 2015년 현재 78권이 출간되었는데 누적 판매 부수가 약 4억 부 이상이고, 64권째부터는 초판 발행으로만 평균 400만 부씩 팔린다고 알려져 있다. 이렇듯 한 작가의 작품 세계가 가진 창조성은 단순히 여러 명의 인재가 모인 차원과 비교할 수 없는 경우가 많다.

## ● 사회공동체론: 뭉쳐라, 창의와 혁신이 배가된다

하지만 거래 비용과 관계없이 인재는 모여 있을수록 좋다고 주장하는 사람들의 목소리도 만만치 않다. 일부 경영학자들은 윌리엄슨의 메시지에 귀를 기울이면서도 기업이라는 조직에는 거래 비용만으로는 설명할 수 없는 것이 존재한다고 보고 있다.

이런 경영학자들에게 중요한 이론 틀을 제공한 사람 중 한 명이 바로 하버드 정책대학원 교수이자 사회학자인 로버트 퍼트넘이다. 그는 "나 홀로 볼링(Bowling Alone)"이라는 논문에서, 미국의 볼링 인구가 약 10퍼센트나 증가했는데도 볼링 리그가 약 40퍼센트 감소한 사실을 지적하며 이를 통해 미국 사회의 문제를 진단했다. 혼자서 볼링을 치는 게 무슨 문제가 되느냐고 반문할 수도 있겠지만 퍼트넘 교수는 이것이 미국 사회의 취약성을 보여주는 단면이라며 그 심각성을 경고했다.

사람들과 볼링을 함께 치다 보면 자연스럽게 친밀감이 형성되고 연대감을 공유하게 된다. 부가적으로 비즈니스 채널도 만들어지고 경력 관리에 필요한 정보들도 공유하며 이런 일원들이 모여서 사회가 건강하게 성장한다. 하지만 이 과정이 없으면 사회가 각종 테러나 전쟁 같은 위험에 직면했을 때, 연대감을 형성하지 못한 개인들은 뿔뿔이 흩어지고 국가는 대응에 실패하여 존립의 위기를 초래할 수도 있다는 주장이다.

이 논문은 다양한 자료를 더해 2000년 책으로 출간되었다. 그리고 2008년 글로벌 경제위기 이후, 미국의 자본주의적 사회구조의 문제점이 드러나고, 개인주의가 팽배해진 상황에서 그의 지적은 사회적으로 영향력을 발휘하기 시작했다. 퍼트넘 교수는 사회적 자본의 중요성을 강조한다. 특히 평화로운 사회를 만들기 위해서는 연결 사회적 자본(bridging social capital)이 필요하다고 주장한다. 연결 사회적 자본이란 다른 운동 팀의 팬클럽과 같이 이질적인 집단 사이에 형성되는 사회적 자본을 의미한다.

사실 경영학자들은 일찍부터 퍼트넘의 연구에 주목하고, 이를 인재경영에 활발하게 적용해왔다. 우선 인재가 모이면 정보와 지식이 직간접적으로 공유된다. 그러다 보면 서로를 통해 학습을 하게 되고, 불확실성 속에서 함께 실패를 극복하면서 기대하지 못했던 창의와 혁신을 일궈낸다. 인재들의 모임에는 비용 절감 그 이상의 의미가 있다고 본 것이다.

〈토이스토리〉, 〈겨울왕국〉 등 전 세계적인 성공을 거둔 애니메이션의 제작사인 픽사(Fixar)의 예를 보면 모이는 것의 힘을 알 수 있다. 픽사의 설립자이자 CEO인 에드윈 캣멀(Edwin Catmull)은 경영자가 창의적으로 회사를 운영하기 위해서는 영리하고 야망 있는 인재들을 끌어모아야 할 뿐만 아니라 이들이 효율적으로 협력할 수 있는 방안을 깊이 고민해야 한다고 역설했다.[2] 또한 경영자인 자신의 임무는 직원 개개인의 잠재력을 바탕으로 협력을 촉진하여 모든 직원이 작품에 창의적으로 기여할 수 있는 환경을 조성하고, 이런 환경을 해칠 위협 요소를 제거하는 것이라고 말했다.

픽사의 작업 방식에는 '플러싱(plussing)'이라는 것이 있다. 피드백을 할 때 지켜야 하는 원칙으로, 비판을 하고자 할 때는 반드시 개선을 위한 의견을 더함으로써(plus) 대안 없는 비판을 지양하자는 것이다. 여럿이 좋은 아이디어를 계속 쌓아 올리며 작업하기 위해서다. 이런 과정을 통해 픽사의 직원들은 동료들의 아이디어에 무엇을 보태면 더 근사해질지 함께 고민하면서 혁신적인 애니메이션을 지속적으로 창조하고 있다.

## ● 인재들의 모임은 브랜드 가치를 창출

인재들의 모임은 성과에만 영향을 미치는 게 아니다. 이들이 필요를 넘어 서로 우정과 의리를 나누는 관계로 발전하면, 하나의 브랜드로서 시장 가치를 형성하게 된다. 존슨앤드존슨(Johnson & Johnson), 휴렛패커드(Hewlett & Packard), 프록터앤드갬블(Procter & Gamble) 등 우리가 잘 알고 있는 이 기업들의 이름은 공동 창업자의 이름에서 유래했다. 이 공동 창업자들은 우정을 토대로 비전과 가치를 공유했고, 시간이 지나면서 이들의 모임은 높은 브랜드 가치를 창출했다.

미네소타 대학교 고트넘 레이(Gautnam Ray) 교수는 윌리엄슨의 지적대로 거래 비용이 낮아지면 기업들이 과연 기능별로 해체되고 인재들은 흩어지게 되는지 살펴보았다. 그리고 미국 4,400개 기업 데이터 사례를 추적 조사한 결과 윌리엄슨의 지적이 옳았다는 사실을 확인했다. 거래 비용이 낮아지면 일반적으로 기업 기능은 해체되고 인재들은 흩어져서 일했다. 그런데 그의 예상은 절반만 맞았다. 재미있게도 브랜드 가치가 높은 기업에서는 거래 비용이 낮아졌음에도 불구하고 인재들이 더 뭉쳐서 활발한 상호 작용을 하는 모습이 나타났다. 그들은 거래 비용이 낮아진 효과를 활용하여 흩어지기보다 기업의 브랜드 가치를 높이기 위해 모이는 쪽을 택했던 것이다.[3]

단순히 비용 때문이 아니라 서로에 대한 필요와 오랜 경험을 통해 형성된 우정과 소속감 때문이라면 인재는 모이는 쪽을 택한다. 그러는 가운데서 모임은 창의적인 시너지를 발휘할 뿐만 아니라 시간이 흐름과 함께 외부로부터 명성을 얻게 된다. 그런 인재들의 모임이 또 다른 인재들을 계속해서 불러 모으리란 것은 의심할 여지가 없다.

어벤져스는 왜 뭉쳐서 일하는가? 아마도 아이언맨, 캡틴 아메리카, 헐크 등 개개인이 가진 브랜드 가치와는 별도로 '어벤져스'라는 브랜드 가치가 있기 때문이 아닐까? 인재들은 군이 뭉쳐서 일할 필요가 없을지도 모른다. 조건만 된다면 혼자서도 충분히 일할 수 있다. 그들에게는 어디에도 매이지 않고, 자유롭게 생각하고 창조할 수 있는 힘이 있다. 하지만 함께 일하면 서로에게서 유용한 정보와 지식을 얻으며 더불어 성장할 수 있고, 또 경쟁을 통해 건강한 도전의식을 지니게 될 수도 있다. 그런 인재들이 모인 그룹은 시장에서 브랜드 가치를 얻게 된다. 사람들은 그런 인재들이 함께하는 모임을 선망한다.

지금 인재들과 함께 일하고 있다면 이들의 모임이 하나의 브랜드 가치를 얻도록 관리하면 어떨까? 아마 그 브랜드 안으로 인재들은 또 다른 인재들을 불러 모을 것이고, 이러한 모임의 브랜드는 시간이 지날수록 더욱 가치를 발할 것이다.

**05**

# 통제와 자율,
# 무엇을 선택할 것인가?

## 대리인 이론과 청지기 이론

직원들은 고용주의 이익이 아닌 자신의 이익을 최
대화하기 위해 기회주의적으로 행동한다. 따라서 적
절한 통제가 필요하다.

-마이클 젠슨, 윌리엄 멕클링

직원들은 조직과 전체를 생각하며 이타적으로 행동
하기 때문에 최대한 자율성을 주어야 한다.

-제임스 데이비스

## 부하 직원, 어디까지 믿을 것인가

《명심보감》성심편(省心篇)에 보면 "의인막용 용인물의(疑人莫用 用人勿疑)"라는 유명한 구절이 나온다. 이는 사람이 의심스럽거든 쓰지 말고, 일단 썼으면 의심하지 말라는 뜻으로서, 삼성그룹 창업자 이병철 회장도 즐겨 쓴 말이라고 한다. 의심하면서 사람을 부리면 그 사람의 장점을 살릴 수 없고 고용된 사람도 제 역량을 발휘할 수 없기 때문에, 사람을 채용할 때는 신중을 기하되 일단 채용했으면 대담하게 일을 맡기라는 의미이다.

그렇다면 과연 경영진은 부하 직원을 어디까지 믿어야 할까? 이 질문에 답하기 위해서는 맹자의 성선설(性善說)과 순자의 성악설(性惡說)로까지 거슬러 올라가야 할지도 모른다. 성선설에서는 사람이 모두 선한 본성을 타고난다고 믿는 반면, 성악설에서는 사람의 본성이 악하며 날 때부터 타인보다 자신의 이익을 추구한다고 주장한다. 그런데 경영학 이론 중에도 인간은 이기적이며 기회주의적으로 행동한다고 가정하는 이론과, 인간은 자신과 타인 및 공동체의 선을 동시에 추구한다고 가정하는 상반된 이론이 존재한다. 전자는 대리인 이론(agency theory)이며, 후자는 청지기 이론(stewardship theory)이다.

이번 장에서는 대리인 이론의 대표 학자인 캐슬린 아이젠하르트와 청지기 이론의 대표 학자인 제임스 데이비스에 대해 살펴보려 한다.

## ● 대리인 이론: 직원은 자신의 이익을 위해 일한다

대리인 이론을 대표하는 캐슬린 아이젠하르트는 현재 스탠퍼드 대학교 경영과학 전공 교수로 재직 중이며 기술 경영, 경영 전략 분야의 대표적인 학자이자 질적 연구 방법론 중 하나인 사례 연구(case study)의 대가로 알려져 있다.

> **캐슬린 아이젠하르트(Kathleen Eisenhardt)**
> 스탠퍼드 대학교 경영과학 석좌교수. 주요 연구 관심사는 기업 혁신, 벤처 경영, 복잡계 경영 등이며, 저서로 《심플 룰스(Simple Rules: How to Thrive in a Complex World)》(2015) 등이 있다.

사실 대리인 이론은 하버드 대학교의 저명한 재무 경제학자인 마이클 젠슨(Michael Jensen)이 동료인 윌리엄 멕클링(William Meckling)과 함께 1976년에 최초로 제시했다.[1] 대리인 이론은 사회 구성원의 관계를 주인(principal)과 대리인(agent)의 관계로 상정하고, 시장경제를 대리인(근로자, 판매자 등)과 위임자(소유자, 구매자)의 상반된 이해관계에 기초한 계약 관계로 본다.[2] 이러한 계약 관계에서는 대리인의 이기적 속성, 정보의 불균형, 모니터링(대리인에 대한 주인의 감시)의 불완전성 때문에 대리인이 주인의 이익과 일치하지 않게 행동하는 '대리인 비용(agency cost)'이 발생한다.

　특히 대리인 이론은 기업에서 소유와 경영이 분리되면서 주인인 소유주(주주)가 대리인인 경영자에게 직무를 위임하여 수행하도록 하는 관계를 설명하는 데 많이 활용되었다. 시장 경제주체 간의 관계뿐 아니라 피고·원고와 법정 대리인의 관계, 국민과 정부, 유권자와 국회의원의 관계 등을 설명하는 데에도 적용되었다.

　하지만 경영학, 특히 인사 조직 분야의 학자들은 이 이론을 달가워하지 않았다. 이들은 대리인 이론이 인간성이라는 가치를 배제한다고 생각했고, 따라서 경영학, 특히 인재경영을 논할 때 대리인 이론을 적용하는 것은 위험하다고 생각했다.[3] 그런데 1989년 당시 젊은 교수였던 아이젠하르트는 대리인 이론을 옹호하고 경영학 분야에서 대리인 이론의 시사점을 정리하는 논문 "대리인 이론: 평가와 리뷰(Agency Theory: An Assessment and Review)"를 경영학 분야 최고의 저널 중 하나인 《경영학회 리뷰(Academy of Management Review)》에 발표한다.[4] 결과적으로 이 논문은 현재까지 각종 학술지와 서적에 7,000회 넘게 인용되면서 학자들과 실무자들에게 막강한 영향력을 행사하고 있다. 고용주들이 보기에 이해하기 쉽고 매력적이었기 때문이다. 아이젠하르트는 "사람은 본성적으로 타인보다 자기 이익에 더 관심을 둔다."라는 전제가 합리적이고, 현실적이고, 유용하다고 생각했다.

로마의 황제 시저가 아들처럼 아꼈던 브루투스에게 암살당하며, "브루투스, 너마저도!"라고 외쳤듯, 누구든 가까운 사람에게 배신을 당하면 속이 쓰릴 수밖에 없다. 이 때문에 대리인 이론은 고용주에게 어떤 직원도 믿지 말라고 한다. 어떤 직원이든 결국 기회가 되면 회사의 이익보다 자신의 이익을 위해 고용주를 배신할 것이고, 그런 가정하에서 사람을 관리하면, 적어도 고용주는 직원들의 이기적인 행동으로부터 이익을 지킬 수 있을 것이라고 주장하는 것이다.

대리인 이론이 제시하는 인사 제도는 모니터링과 인센티브 제도 단 두 가지다. 이것이 이 이론의 매력 포인트다. 고용주는 대리인들이 딴짓을 하지는 않는지 계속 모니터링하고, 합의한 성과를 낸 사람들에게는 인센티브를 주면 된다는 것인데, 이해하기도, 적용하기도 쉬운 이 이론을 관리자들이 선호한 것은 당연한 일이었다.

# 버거킹의 엄격한 성과주의

　대리인 이론에 입각해 직원들이 업무를 잘 수행하고 있는지 모니터링하고 목표 달성 정도에 따라 성과급을 지급한 사례는 수없이 많은데, 그중 대표적인 사례가 버거킹이다. 버거킹은 2010년 사모펀드 회사인 3G 캐피탈에 인수된 후 고도의 성과주의와 효율 경영을 내세웠다.

　CEO부터 말단 직원까지 비용 절감과 수익 추구를 위한 명확하고 구체적인 목표를 설정하고, 개인별 성과 진척도를 벽에 걸어둔 현황판에 공개하며 직원들을 모니터링했다. 전 직원의 책상 앞에는 개인의 업무 내역과 성과 달성 정도를 표시한 삼색등을 설치했는데, 녹색은 OK, 황색은 속도 저하, 적색은 문제가 심각함을 의미한다. 또한 저성과자에게는 '성과 향상을 위한 액션 플랜'을 제출하도록 요구했다.

　기본급은 시장 평균보다 낮게 책정하되 성과급 비중을 높여 성과와 보상을 명확히 연계하는 인사 제도를 추구했다. 개인에게 지급되는 인센티브는 각자에게 부여된 핵심성과지표(KPI, Key Performance Index) 달성 정도에 따라 변동하도록 설계하여 고성과자와 저성과자 간의 보상 격차를 확대했다. 다른 직원과의 경쟁에서 이기면 남보다 많은 보상을 받는다는 것을 알고 있었기에, 버거킹에는 모든 직원이 열심히 일하는 문화가 형성되었다.

　그 결과 2010년 인수 시점에 13퍼센트였던 영업이익률은

2012년에는 20퍼센트, 2013년에는 46퍼센트로 3배 이상 상승하는 등 어마어마한 재무 성과가 달성되었다.[5] 하지만 지나친 성과 압박으로 직원들의 사기가 저하되고 퇴직률이 높아지는 부작용도 나타났다.

## ● 청지기 이론: 직원은 회사의 이익을 위해 일한다

이렇듯 대리인 이론은 고용주가 자기 이익을 지킬 수 있는 최선의 대안을 제시한다는 점에서 명쾌한 면이 있다. 또 모니터링과 인센티브라는 두 가지 인사 원리를 제공하기 때문에 경영자들이 적용하기에도 간편하다. 그러나 직원을 의심하고 믿지 않는 것이 늘 최선일까? 직원을 마치 시장에서 거래되는 상품 대하듯 하는 것이 맞을까? 이런 의문은 대리인 이론이 나온 후부터 경영학자들 사이에서 끊임없이 논란이 되었다. 그러던 중, 오랫동안 노트르담 대학교 교수를 지내다 현재는 유타 주립대학교 경영대 학장을 맡고 있는 제임스 데이비스 교수가 1997년에 대리인 이론의 경쟁 이론을 내놓는데, 그것이 바로 청지기 이론이다.[6]

영화 〈배트맨〉에는 집안의 대소사를 챙기고, 주인의 재산은 물론 건강까지 살피는 집사(steward), 알프레드가 나온다. 그는 주인의 단순한 대리인이라기보다 가히 한 가문의 수호신이라 해도 과언이 아닐 정도로 주인을 성심성의껏 보필한다. 청지기 이론에서

제임스 데이비스(James Davis)
유타 주립대학교 경영학 교수. 주요 연구 관심사는 기업 지배구조, 변화 관리, 사회적 자본, 신뢰, 스튜어드십(stewardship) 등이며, 저서로 《사회적 자본(Social Capital: Reaching Out, Reaching In)》(2010) 등이 있다.

도 이처럼 단순히 고용주의 일을 대리하기보다는 집사와 같은 자세로 회사를 위해 일하는 직원을 상정한다. 청지기 이론에 따르면 사람은 이기적이고 개인적이기보다는 조직과 전체를 위해 행동하는데, 왜냐하면 이것이 결과적으로 더 큰 만족감을 주기 때문이다.

청지기 자세로 일하는 직원은 대리인과 달리, 직장에서 일의 의미를 찾고, 자신의 정체성을 회사의 정체성과 동일시하려고 한다. 청지기들은 고용주와 인격적인 관계를 맺고, 그들의 마음을 헤아리면서, 상황을 이해하고, 고용주의 문제를 해결하기 위해 자발적으로 열심히 일한다.

그렇다면 이런 청지기들은 어떻게 만들고 관리해야 할까? 청지기 이론이 제시하는 인사 제도도 대리인 이론과 마찬가지로 모니터링과 인센티브이다. 하지만 대리인 이론의 그것과는 차이가 있다. 대리인 이론에서 모니터링은 직원이 경영자가 원하는 것과 다른 방향으로 일하는 것을 방지하기 위한 장치이지만, 청지기 이론에서는 직원들이 자신이 맡은 일에서 주도적 리더십을 갖고 있는지 관찰하기 위한 장치이다. 또한 자율적인 업무 환경을 조성하고 배려해주면 직원 역시 자발적으로 과업에 몰입하고 열정을 갖는다고 믿기 때문에 업무 몰입을 방해하는 장애물이 생기면 경영자는 이를 제거해주기도 한다.

또한 대리인 이론에서는 돈으로 교환되는 재화를 의미하던 인센티브도 청지기 이론에서는 직원들에게 조직과 함께 성장할 수 있는 기회를 제공하여 자신의 가치가 더 높아질 수 있도록 만드는 모든 우대 조치를 의미한다. 즉, 사람은 돈으로만 사는 존재가 아니라는 것이다.


●                              얌브랜드의 '함께 가는 경영'


청지기 이론이 잘 구현된 경영 사례로는 피자헛과 타코벨, KFC 등의 외식업체를 보유한 얌브랜드(Yum! Brand)를 꼽을 수 있다.

얌브랜드는 직원들에게 인정과 칭찬을 통해 내재적 보상을 극대화하고 직원들의 주인 의식을 북돋아주는 것으로 유명하다. 전임 CEO이자 현재 이사회 의장인 데이비드 노박(David Novak)은 1997년 설립 초기부터 전 임직원이 참여하는 '칭찬 시상식(recognition award)' 등을 통해 자발적 참여와 몰입을 유도하고 얌브랜드만의 독특한 칭찬 문화(recognition culture)를 구축하여 지속적인 성장의 핵심 동력을 만들어냈다.

'칭찬 시상식'은 직원들이 동료에 대한 칭찬 카드를 작성하여 담당 임원에게 제출하면 그 임원이 모든 직원들이 모인 자리에서 축하와 함께 재미있는 장난감 모양의 트로피를 증정하는 이벤트이다. 노박은 자신이 직접 상을 수여한 전 세계 직원들의 사진으로 집무실 벽을 상식할 정도로 이 행사에 대한 애착이 강하다. 노박은 또한 직접 전 세계 매장을 돌며 "성공하려면 모두와 함께 가라(Taking People with You)"라는 리더십 프로그램을 전파하면서 직원들을 끊임없이 독려했다. 이러한 노력 덕분에 얌브랜드는 1997년 설립 이래 2015년 9월 현재까지 주가는 10배가량 높아졌고, 전 세계 125개국에 4만 1,000개가 넘는 매장을 보유한 글로벌 기업으로 성장했다.[7]

자율과 통제라는 키워드로 각각 설명할 수 있는 대리인 이론과 청지기 이론은 서로 대비되는 이론이지만, 양극단에 있다기보다는 모두 인간의 본성을 부분적으로 설명하는 이론적 틀로 봐야 할 것이다. 현실적으로 경영 현장에서도 자율과 통제는 서로 대립되는 개념이라기보다는 한 조직 내에서 공존하고 동시에 추구해야 할 요소로 여겨지고 있다. 따라서 경영자들은 두 이론 가운데 어느 한쪽을 선택해서 적용하기보다는 대리인 이론이 제기하는 인간의 이기적 속성과 관련된 문제를 해결하기 위한 통제 장치를 갖추고, 이 바탕 위에 직원들의 청지기 정신을 고취할 수 있는 인사 제도를 도입하는 것이 바람직하다.

06

# 인사 관리에도 베스트 프랙티스가 존재하는가?

보편론적 관점과 상황론적 관점

인간 존중 철학을 기반으로 하는 고성과 작업 시스템은 근로자의 능력 개발, 참여 기회 확대, 동기 부여를 통해 기업에 경쟁 우위를 제공한다.

−제프리 페퍼

기업의 전략과 인사 제도가 얼마나 적합한가에 따라 회사의 성과가 좌우된다.

−레이먼드 마일스, 찰스 스노

# 효율적 인사 관리는 모든 기업의 고민

누구에게나 맞는 사이즈의 옷을 가리키는 영어로 "One size fits all"이라는 표현이 있다. 이 관용구는 경영 전략이나 마케팅 등 경영학 분야에서, 어떤 경우에나 효과적으로 사용될 수 있는 베스트 프랙티스(best practice)를 가리킬 때도 사용된다. 그렇다면 사람을 다루는 인사 관리 분야에도 과연 "One size fits all" 전략이 존재할까?

이에 대한 시각은 두 가지로 나뉜다. 하나는 상황에 관계없이 모든 기업의 경영 성과를 향상시키는 인사 관리 제도가 존재한다는 보편론적 관점의 주장이고, 다른 하나는 기업에 따라 효과적인 인사 관리 제도가 다를 것이라는 상황론적 관점의 주장이다. 이 장에서는 상반되는 이 두 가지 관점에 대해 살펴보려고 한다.

## 보편론적 관점: 베스트 프랙티스는 존재한다

보편론적 관점은 특정 인사 관리 제도가 모든 기업에 우수한 경영 성과를 달성하는 데 기여한다는 가정으로부터 출발한다. 많은 경우 우량한 글로벌 기업의 인사 관리 제도가 연구와 벤치마킹의 대상이 된다.[1] 예를 들어, 종업원 지주제(employee stock ownership plan)* 가 직원들의 애사심을 높이고 업무 열의를 고취시켜 경영 성과 향상에 기여한다면, 종업원 지주제의 이러한 효과가 어떤 기업에서나 나타날 것이라고 보는 견해이다. 여러 기업에서 성과가 우수하다고 평가받는 제도는 베스트 프랙티스로 인정되어 많은 조직이 이를 연구하고 도입하려 하게 된다.

인사 관리의 다양한 베스트 프랙티스를 소개한 대표 학자로는 스탠퍼드 경영대학원의 석좌교수 제프리 페퍼가 있다. 그는 1998년 《휴먼 이퀘이션》[2]이라는 저서를 통해 사람이 기업 경쟁력의 주요 원천이라 주장하면서, 인적 자원의 역량을 향상시키고 동기를 부여함으로써 직원과 회사의 높은 성과를 창출할 수 있는 최상의 인사 관리 방식을 일곱 가지로 제시했다.

첫 번째는 '고용 안정을 위한 노력'이다. 그는 직원들이 실직에 대해 두려움을 느끼지 않을 때 업무에 몰입할 수 있다고 주장했

---

* 직원들이 특별한 조건으로 자기 회사의 주식을 취득하고 보유하는 제도. 직원들의 재산 형성을 지원할 뿐만 아니라, 회사 자본에 대한 직원 참여를 통해 협력적 노사 관계 형성을 목표로 한다.

제프리 페퍼(Jeffrey Pfeffer)

미국 스탠퍼드 경영대학원 석좌교수. 조직 내
권력 관계와 관리자의 역할, 인간 존중 경영,
고성과 조직 등에 관해 연구하고 있다. 저서로
《휴먼 이퀘이션(Human Equation)》(1998), 《숨겨
진 힘 – 사람(Hidden Value: How Great Companies
Achieve Extraordinary Results with Ordinary
People)》(2000) 등이 있다.

자료: 〈https://www.gsb.
stanford.edu〉.

다. 직원의 고용을 무조건적으로 보장해야 하는 것은 아니지만,
회사가 어려울 때 수익성을 회복하는 수단으로 손쉽게 정리해고
를 택해서는 안 된다는 주장이다. 두 번째는 '엄격하고 선별적인
채용'이다. 이러한 선발 과정을 통해 회사의 문화와 직무에 적합
한 사람을 뽑을 때 성과를 낼 수 있다는 것이다.

세 번째는 '자율적인 팀 조직과 권한 위임'이다. 페퍼 교수는 팀
조직은 위계에 의한 통제를 팀원(동료)들에 의한 통제(peer-based
control)로 대체할 수 있으며, 직원들에게 더욱 많은 권한과 책임
을 위임할 수 있다고 주장했다. 네 번째는 '회사의 성과와 연계된
높은 보수 제공'이다. 이는 직원들이 낮은 보상에 대해 불평을 하
는 대신 성과 향상에 집중하게 하는 효과가 있다는 것이다. 다섯
번째는 직원들의 역량과 기술 향상을 위한 '광범위한 교육 훈련'
이며 여섯 번째는 '조직 내 지위 차별의 최소화'이다. 페퍼 교수는

오피스 레이아웃, 주차장, 드레스 코드 등을 직급에 따라 지나치게 차별화하면 직원들의 동기 부여를 방해한다고 주장했다.

마지막 일곱 번째는 '조직 성과에 대한 정보 공유'이다. 정기적으로 회사의 실적과 당면 과제를 공유하면 직원들이 회사에 대해 주인 의식을 갖게 되고 자발적으로 동기를 부여하게 된다는 것이다. 대표적인 사례로 구글은 매주 금요일 CEO와 직원들이 'TGIF'라고 불리는 양방향 소통 회의를 진행하는데, CEO인 래리 페이지(Larry Page)가 직원들의 질문에 직접 답을 하고, 회의에 참석하지 못한 직원들을 위해 회의 영상을 온라인에 공개하기도 한다.

페퍼 교수는 이렇게 제시한 일곱 가지 인사 관리 방식을 '고성과 작업 시스템(high performance work systems)'이라고 부르고 이러한 방식을 취하는 조직은 높은 생산성과 이익을 창출할 수 있다고 주장했다. 실제로 많은 학술 연구를 통해 고성과 작업 시스템은 기업 성과에 긍정적인 영향을 미치는 것으로 나타났다. 일례로 러트거스 뉴저지 주립대학교의 마크 휴슬리드(Mark Huselid) 교수는 1995년 1,000여 개의 미국 상장 기업을 대상으로 한 실증 연구에서 고성과 작업 시스템을 적용한 기업일수록 직원들의 생산성이 높고 이직률이 낮으며, 수익률과 같은 재무 성과도 좋다는 사실을 밝혀냈다.[3]

# 멘스웨어하우스,
# 사우스웨스트항공, 도요타의 성공

고성과 작업 시스템을 적용한 대표적인 사례로는 미국의 최대 남성 의류 유통업체인 멘스웨어하우스(Men's Wearhouse)를 꼽을 수 있다.

멘스웨어하우스는 "직원의 경쟁력이 사업 성패를 결정짓는다." 라는 경영 철학을 일관되게 설파하고, 기업 문화에 적합한 인재를 채용하는 데 심혈을 기울이는 것으로 유명하다. 정규직 중심의 고용과 철저한 내부 승진을 고집하는 등 인력 운영에서도 경쟁사와 차별성을 두고 있으며, 개인 실적보다는 팀워크를 중시하는 성과 관리를 통해 임직원 간의 신뢰 증진과 업적 향상을 동시에 추구한다. 종업원 지주제가 미국에서 유행하기 전인 1980년대부터 이 제도를 도입하여 직원들의 주인 의식을 고취했고, 업계 최고의 급여를 지급하여 임직원의 자긍심을 제고했다. 이러한 제도를 바탕으로 멘스웨어하우스는 1990년대 이후 성장을 지속하면서, 《포천》이 선정한 일하기 좋은 100대 기업 순위에도 수차례 이름을 올렸다.

또 다른 사례로는 세계 최대의 저가 항공사인 사우스웨스트항공(Southwest Airlines)을 들 수 있다. 사우스웨스트항공은 "직원이 최우선(People First)"이라는 슬로건을 내세우며 "직원부터 잘 대우하라. 그러면 그들이 고객을 잘 응대할 것이고, 고객이 다시 사우스웨스트를 타면 주주들이 행복해질 것이다."라는 가치를 표방하고 있다. 이런 철학을 기반으로 사우스웨스트항공은 매우 신중한 절차를 통해 직원을 채용하고, 교육과 훈련에 많은 투자를 하며, 회사의 정보를 광범위하게 공유하고, 보상과 인정을 많이 하되 개인보다는 주로 팀이나 조직 성과에 연동시키는 인사 제도를 운영하고 있다.

마찬가지로 세계 최대의 자동차 회사인 도요타는 경영 철학인 '도요타 웨이(Toyota Way)'[**]에 "직원들의 성장을 장려하고, 경력 개발의 기회를 제공하며, 개인과 팀의 성과를 최대화한다."라는 원칙을 명시했다. 직원 간의 강한 유대 관계를 강조하고 종신 고용 원칙을 유지하며, 개인 간 성과급 차등 지급도 객관적인 성과 차별화가 가능한 경우에만 시행한다. 또한 업계 최고의 급여 수준을 설정하고 카이젠(Kaizen)[***]이라는 지속적인 경영 개선 활동에 직원들을 직접 참여시키는 등 페퍼 교수가 주장하는 고성과 작업 시스템과 일맥상통하는 인사 제도를 운용하고 있다.

---

[**] 도요타의 경영 철학 및 행동 지침으로 '인간 존중'과 '지속적인 개선'을 강조한다.

[***] 개선(改善)의 일본어 표현으로, 근로자들이 작업 현장에서 자발적으로 문제점을 발견하고 개선 방안을 찾아 이를 통해 생산 효율성과 품질 향상, 비용 절감을 추구하는 활동을 의미한다.

## 상황론적 관점: 기업마다
## 적합한 인사 제도가 따로 있다

한편, 상황론적 관점은 아무리 좋은 인사 제도도 기업의 상황과 조화를 이루지 못하면 좋은 경영 성과를 낼 수 없으므로, 기업에 적합한 인사 제도가 저마다 다를 것이라고 보는 견해이다. 이는 모든 환경에서 성과를 내는 최상의 인사 제도가 있다는 보편론적 관점의 주장과 배치된다. 경영 환경이나 경영자가 선택한 경쟁 전략에 따라 직원에게 요구되는 역할과 행동이 달라지기 때문에 각 기업의 환경과 전략에 적합한 인사 제도를 도입하여 운영할 때만

**레이먼드 마일스(Raymond Miles)**
경영 전략, 조직 설계 분야의 대가로서 UC 버클리 대학교 하스 (Hass) 경영대학원 명예교수. 1963년부터 1992년까지 이 대학 교수로 재직했으며 저서로 《조직 전략, 구조, 프로세스(Organizational Strategy, Structure, and Process)》(1978) 등이 있다.

**찰스 스노(Charles Snow)**
펜실베이니아 주립대학교 경영대학원 명예교수. 1974년부터 2012년까지 이 대학 교수로 재직했으며 레이먼드 마일스 교수의 지도하에 1972년 버클리 경영대학원에서 박사 학위를 취득했다. 저서로 마일스 교수와 함께 쓴 《조직 전략, 구조, 프로세스》(1978) 등이 있다.

기업 성과를 높일 수 있다는 것이다.

　UC 버클리 대학교 하스 경영대학원 명예교수인 레이먼드 마일스와 펜실베이니아 주립대학교 경영대학원 명예교수인 찰스 스노는 저명한 경영 전략학자로서 1978년 함께 쓴 저서《조직 전략, 구조, 프로세스》[4]에서 기업의 전략을 다음과 같이 크게 두 가지로 나누어 제시했다.

　하나는 기존 시장에서 안정적인 시장 점유율 및 원가 경쟁력을 추구하는 '방어형(defender) 전략'이며, 또 다른 하나는 새로운 시장에 진입하거나 신제품 및 새로운 서비스를 시장에 먼저 출시함으로써 수익을 창출하고자 하는 '공격형(prospector) 전략'이다. 이후 마일스와 스노 교수는 또다시 공동 저술한 논문에서 방어형 전략과 공격형 전략에 각각 적합한 기업의 인사 시스템을 함께 제시했다.[5] 이들에 의하면 방어형 전략을 활용하는 기업은 현재의 제품과 시장에 집중하기 때문에 새로운 시장 탐색이나 전략에 대한 혁신 등은 상대적으로 덜 강조하며, 인사 관리도 주로 신입사원의 채용, 인적 자원의 내부 개발, 연공적 보상 등을 활용해 '조직 내 인적 자원의 형성 및 효율적 관리'를 추구한다.

　반면, 공격형 전략을 사용하는 기업은 신제품이나 새로운 서비스를 개발하기 위하여 연구개발, 마케팅 등에 종사하는 핵심 인력을 끌어들이고 이들의 역량 강화와 혁신, 동기 부여 등에 더욱 힘을 기울인다.[6] 따라서 공격형 전략을 취하는 기업은 핵심 인력 중심의 차별적인 성과 보상을 강조하는 인사 제도를 추구한다.

마일스와 스노는 안정적인 제조업에 속한 기업의 경우 방어형 전략을 주로 추구하면서 인재 육성에 초점을 두는 인사 전략을 쓰는 경향이 있는 반면, 시장 환경의 변동성이 큰 금융업에 속하는 기업의 경우 공격형 전략을 추구하면서 펀드매니저, 애널리스트 등의 핵심 인재 확보에 초점을 두는 인사 전략을 사용하는 경향이 있다고 주장했다.


## 기업 전략에 맞는 인사 제도를 구현한 월마트와 이케아

기업의 상황과 전략에 맞는 인사 제도를 구현한 기업 사례로는 월마트와 이케아를 들 수 있다. 이 회사들은 제품 가격 인하를 위해 생산에 이르는 모든 과정에서 원가를 낮추는 의사 결정을 중시해왔으며 이는 인사 관리에도 적용되었다. "매일매일 낮은 가격(everyday low prices)"이라는 비용 통제 전략을 취하는 월마트의 경우 원가 절감을 위해 정규직보다는 임시직을 많이 고용하고 있고, 이케아의 경우에도 원가 절감을 위해 임금 상승률을 최소한으로 유지하고 있다.

페퍼 교수가 주장하는 고성과 조직의 베스트 프랙티스 관점에서 보면 직원들을 비용 관점에서 바라보는 월마트나 이케아의 인사 전략은 실패처럼 보이지만, 상황론적 관점에서 이 두 회사는 각각의 전략에 최적화된 인사 관리를 구현하고 있다고 볼 수 있다.

1997년 아시아 외환위기 이후 한국의 많은 기업들이 수익성과 유연성을 높이기 위해 미국식 성과주의 인사 제도를 앞다투어 도입했지만, 정착까지는 오랜 시간이 소요되었고 실패한 경우도 많았다. 따라서 인사 제도를 도입할 때는 기업이 처한 환경과 추구하는 전략, 그리고 조직 특성 등의 상황을 고려해야 한다. 하지만 "사람이 회사나 조직의 핵심 자산"이라고 말하는 페퍼 교수의 주장처럼 인간 존중, 신뢰, 협력 등은 어떤 경우에도 포기할 수 없는 보편적 가치이다. 따라서 직원들의 역량을 최대로 발휘할 수 있는 여건을 마련해주는 인사 제도의 베스트 프랙티스에도 관심을 기울일 필요가 있다.

**07**

# 뽑을 것인가?
# 키울 것인가?

### 인력 운영(HRM)과 인재 양성(HRD)

우리는 뛰어난 개인들이 일궈낸 위대한 업적을 예견
하게 하거나 적어도 그것을 설명할 만한 유전적 특성
을 찾아 나섰다. 하지만 결과는 완벽한 실패였다.
　　　　　　　　　　　　　　　　　　－앤더스 에릭슨

어떤 이들은 충분히 연습하지 않고도 엘리트가 된
다. 반면, 어떤 이들은 아무리 연습해도 실패한다.
　　　　　　　　　　　　　　　　　　－잭 햄브릭

## 천재와 노력파, 누구의 성과가 더 좋을까

　스테판 홀름(Stefan Christian Holm)이라는 스웨덴 높이뛰기 선수가 있었다. 높이뛰기 선수로는 비교적 작은 키 때문에 그는 평소 엄청난 양의 훈련을 소화해야 했다. 피나는 노력 끝에 그는 국가 대표에 선발되고 마침내 2004년 아테네 올림픽에서 영예의 금메달을 획득했다. 최고 전성기가 찾아온 것이다.

　그런데 2007년 세계육상선수권대회에서 흥미로운 사건이 발생한다. 홀름은 거기서 그동안 국제무대에 한 번도 나온 적이 없던 한 선수를 만나게 된다. 도널드 토머스(Donald Thomas)라는 바하마 국가 대표 선수였다. 대학 농구 선수였던 토머스는 불과 1년 전 친구들과의 내기를 계기로 우연한 기회에 높이뛰기를 시작했다. 첫 국제대회에 출전해서도 여전히 자세는 엉성했지만 점프력만은 대단했다. 그해 세계육상선수권대회 우승은 누구에게 돌아

갔을까? 우승자는 노력과 흘름이 아닌 천재 토머스였다.[1]

 기업이라는 조직의 성과를 만들어내는 것은 결국 사람이다. GE의 CEO인 제프리 이멜트(Jeffrey Immelt)는 "나는 개인적으로 일하는 시간의 3분의 1을 사람들을 평가하고 지도하며 참여시키는 데 할애하고 있다."라고 말했다. 삼성그룹을 창업한 이병철 회장 역시 생전에 "나는 일생의 80퍼센트 정도는 인재를 모으고 키우고 육성하는 데 보냈다."라고 밝힌 바 있다. 이렇듯 경영자들은 사람을 뽑고 키우는 일을 무엇보다 중요하게 생각한다.

 그런데 한번 생각해보자. 아주 중요한 핵심 보직이 있는데 당장 그 역할을 수행할 만한 사람이 회사 내에 없다면 어떻게 해야 할까? 이 경우 CEO는 필요 역량을 보유한 직원을 외부에서 찾아야 할까, 아니면 필요 역량을 갖출 수 있도록 내부 직원을 양성하는 데 주력해야 할까? 이는 인사의 두 가지 주요 기능, 즉 인력 운영(HRM, Human Resource Management)과 인재 양성(HRD, Human Resource Development)이라는 주제와 관련이 있다.

 단기적으로 보면 HRM이 경영상의 효과는 빠를 수 있다. 당장 적합한 사람을 찾아 필요한 일을 시키는 게 효율적이다. 하지만 장기적으로 보면 HRD의 필요성을 부정할 수 없다. 조직의 가치에 부합하면서도 필요한 전문성을 갖춘 최적의 인재를 얻는 방법은 장기간의 교육과 훈련이기 때문이다.

 높이뛰기 선수들의 이야기로 돌아가보자. 과연 여러분이 CEO

라면 둘 중 누구와 일하겠는가? 실력파인 토머스와 노력파인 홀름. 이들 중 회사에 실질적인 도움을 줄 사람은 과연 누구일까?

## ●        재능과 육성을 둘러싼 오래된 논쟁

기업의 인사 관리 문제에서 눈을 돌려 시야를 넓혀보면 이는 결국 '재능(nature)'이냐, '육성(nurture)'이냐의 해묵은 논쟁으로 이어진다.

심리학, 교육학 분야의 많은 학자들은 오래전부터 인간의 타고난 재능과 후천적인 노력 중에서 어느 것이 학습이나 수행에서 좋은 결과를 가져오는지에 대해 많은 관심을 쏟았다. 직원 개인의 수행 능력 및 성과가 재능으로부터 나온다고 믿는다면 필요한 역량을 갖춘 사람을 채용하여 적재적소에 배치하는 일에 더 심혈을 기울여야 한다. 반면, 개인의 노력과 학습을 통해 역량이 증대되고 성과가 높아진다고 믿는다면 교육과 훈련에 더 신경을 써야 한다. 다시 말해, CEO가 재능을 중요한 성과 요인이라고 여긴다면 채용의 역할을 더 중요하게 볼 테고, 노력이 중요하다고 생각한다면 교육에 더 힘을 실을 것이다.

이쯤 해서 심리학의 전문성 연구(expertise research) 분야의 대표적인 연구 결과 두 가지를 소개하고자 한다. 하나는 '노력'이 중요하다는 메시지를 전하고 있는 플로리다 주립대학교의 앤더스

에릭슨의 연구이고, 다른 하나는 이를 반박하며 전문적인 역량을 갖추는 데 훈련이 기여하는 비중이 크지 않다고 주장하는 미시간 주립대학교의 교수 잭 햄브릭의 연구이다.

## ● 연습과 노력의 중요성

먼저 에릭슨의 연구를 살펴보자. 1993년에 발표된 "전문 역량 습득에 있어서 의도적 연습의 역할(The Role of Deliberate Practice in the Acquisition of Expert Performance)"[2]이라는 논문을 통해 그는 후일 '1만 시간의 법칙'이라고 불리게 되는 원리를 발견해낸다.

그의 연구 대상은 서베를린 음악 아카데미 학생들이었다. 졸업 생 다수가 일류 교향악단의 일원이 될 정도로 이곳 학생들의 실력은 뛰어났다. 에릭슨은 음악 아카데미의 협조를 얻어 바이올린을

---

**앤더스 에릭슨(K. Anders Ericsson)**
스웨덴 출신의 심리학자. 한 분야에서 특출한 성과를 내는 전문성과 이의 획득에 대한 연구를 지속하고 있다. 저서로는 《전문성의 개발 (Development of Professional Expertise: Toward Measurement of Expert Performance and Design of Optimal Learning Environments)》(2009) 등이 있다.

전공한 재학생들을 실력에 따라 최우수, 우수, 보통의 세 집단으로 구분했다. 음악에 대한 접근성 면에서는 학생들 간에 큰 차이가 없었다. 대부분 8세경 바이올린을 시작했고, 15세경에 음악을 전공하기로 결심했으며, 음악과 관련한 활동으로 일주일에 51시간 정도를 사용했다.

에릭슨은 여기서 학생들의 실력에 영향을 주는 요인으로 '의도적 연습(deliberate practice)'에 주목했다. 보통 집단의 주당 평균 연습 시간이 9시간에 그친 반면 최우수 집단과 우수 집단은 주당 평균 24시간을 연습에 투자했다. 그렇다면 최우수 집단과 우수 집단 사이에는 어떤 차이가 있었을까? 최우수 집단과 우수 집단을 가르는 차이는 바로 '누적 연습 시간'에 있었다. 최우수 집단은 약 7,400시간을 연습에 투자한 반면, 우수 집단은 5,300시간, 보통 집단은 3,400시간에 그쳤다. 이런 식이라면 최우수 집단이 20세가 됐을 때 그들은 대략 1만 시간의 연습 시간을 채울 것으로 예측됐다.

이 연구 결과는 사람들 사이에 급속하게 회자되었고, 말콤 글래드웰(Malcolm Gladwell)이 베스트셀러인 《아웃라이어(Outliers)》를 통해 어느 한 분야에서 전문가가 되려면 1만 시간의 누적 연습 시간이 필요하다는 '1만 시간의 법칙'을 주장하는 계기가 된다.

에릭슨은 자신의 실험 결과에 대해 다음과 같이 설명했다. "우리는 뛰어난 개인들이 일궈낸 위대한 업적을 예견하게 하거나 적어도 그것을 설명할 만한 유전적 특성을 찾아 나섰다. 하지만 결과는 완벽한 실패였다."[3] 결국 '연습' 또는 '노력'이 한 분야에서의 성공을 좌우하는 거의 유일한 요인이라고 주장한 셈이다.

그래서일까? 애플은 2014년에 자사 소프트웨어 개발자 대회의 참가 연령을 종전 18세에서 13세로 낮추었다. 일찌감치 가능성 있는 10대들을 발굴해서 1만 시간의 경험과 기회를 주겠다는 의도였다. 여기서 선발된 사람들은 애플이 제공하는 최적의 환경에서 최고의 소프트웨어 전문가로 성장할 수 있는 기회를 얻게 되었다.

● ### 노력만으로 설명될 수 없는 그 무엇

이번에는 에릭슨의 연구에 대한 반론을 살펴보자. 잭 햄브릭 등 미시간 주립대학교의 공동 연구진은 2014년에 발표된 "의도적 연습: 전문가가 되기 위한 전부인가(Deliberate Practice: Is That All It Takes to Become an Expert)?"[4]라는 논문을 통해 전문가가 되려면 충분한 훈련 시간이 필요한 것은 사실이지만, 개인적인 편차가 너무 크다고 지적했다.

예를 들어, 체스의 대가가 되는 데 필요한 훈련 시간은 평균 1만 시간 정도이다. 하지만 분석 대상자의 17퍼센트는 불과 3,000시간 정도의 훈련만으로 대가의 반열에 오른 반면, 또 다른 17퍼센트는 1만 7,000시간이나 훈련에 투입했다. 연구진은 재능과 연습에 관한 88개 논문을 분석한 결과, 음악·스포츠·체스 등의 분야에서 뛰어난 사람과 그렇지 않은 사람의 차이를 훈련량으로 설명하는 비율은 20퍼센트 수준이라고 결론 내렸다. 훈련량만으로 설명될 수 있는 요인이 게임의 경우는 26퍼센트, 음악의 경우는 21퍼센트, 그리고 스포츠의 경우 18퍼센트 수준이라는 것이다.

교육과 지적 전문가 분야의 편차는 이보다 더 크다. 교육 분야는 의도적 훈련의 기여도가 4퍼센트에 불과하며 지적 전문 분야(의사, 변호사 등)는 단 1퍼센트에 불과하다고 한다.

그러나 이 연구 결과를 보고 훈련량보다 재능이 중요하다고 주장할 수는 없다. 교육에 대한 의도적 훈련의 기여도가 4퍼센트에 불과하다고 해서 재능이 나머지 96퍼센트를 차지한다고 설명할 수는 없기 때문이다. 96퍼센트에는 재능 외에 주어진 환경, 성격, 인내심, 운, 타이밍 등을 모두 합한 다양한 요인들이 포함되어 있다. 그게 무엇인지는 정확히 알 수 없다. 하지만 중요한 것은 한 분야의 전문가가 되기 위해서는 노력과 재능뿐 아니라 그 외의 부가적인 요인도 크게 작용한다는 사실이다. 연구자들은 노력보다 재능이 중요함을 말하려고 했던 것이 아니라 에릭슨이 주장하는 만큼 노력이 압도적인 부분을 차지하지는 않는다는 사실을 보여주려고 했던 것이다. 햄브릭은 "통계적·실용적 견지에서 봤을 때 의도적 연습의 양이 중요한 예측 변수인 것은 틀림없는 사실이지만 에릭슨과 그의 동료들이 주장한 만큼은 아니다."라고 주장했다.

재능이 실제 성과에 미치는 정도에 대한 다른 연구도 비슷한 결과를 보여준다. 행동 유전학자인 로버트 플로민(Robert Plomin)은 최신 연구에서 학생들의 시험 성적에서 나타나는 개인차의 58퍼센트는 유전자가 결정한다고 주장했다. 가정환경이나 학교 같은 환경적 요인이 미치는 영향은 36퍼센트로 나타났다.[5]

●                                      **노력도 재능이다**

1만 시간의 법칙을 소개한 《아웃라이어》에서 말콤 글래드웰이 핵심적으로 주장하는 바는 사실 "1만 시간을 노력하라."라는 것이 아니다. 성공한 사람들은 시대적·사회적 환경 덕분에 1만 시간이나 그 분야를 파고들 기회를 잡은 운 좋은 사람들이라고 말하는 편이 더 정확할 것이다.

빌 게이츠와 스티브 잡스, 에릭 슈미트는 모두 1955년생으로 우연히도 같은 시기에 태어나 세계적인 IT 기업을 이끌었다. 이를 어떻게 설명할 수 있을까? 말콤 글래드웰은 그들이 재능을 보유한 노력파라는 점을 강조하면서도, 시대적 환경, 사회적 기회 또한 무시할 수 없다고 지적했다.

다시 인사 관리에 대한 이야기로 돌아와보자. 결국은 재능과 노력 둘 다 중요하다는 빤한 결론 대신 여기에는 기업과 개인 각각에게 시사하는 교훈이 있다. 그것은 입장에 따라 그 해석이 달라질 것이다.

먼저, 기업의 입장에서는 교육과 훈련에 대한 맹신을 버려야 한다. 지금껏 우리는 교육과 훈련을 통해 직원들이 계발되고 육성된다는 사실을 의심 없이 받아들였다. 그러나 기업의 구성원은 성인이다. 성인을 변화시키기란 결코 쉬운 일이 아니다. 교육과 훈련에 투자할 시간에 제대로 된 사람을 뽑고 적소에 배치하는 데 집중하는 게 더 효과적일지도 모른다. 구글에서는 HR 업무의 90퍼센트를 채용으로 본다. 적합한 사람을 잘 뽑아놓으면 이후 굳이 관리할 필요가 없다고 생각하기 때문이다. 구글은 채용 때 이미 충분한 역량을 갖춘 인재를 선별했다고 믿기 때문에 입사 후에는 역량 평가조차 하지 않는다.

아울러, 노력을 이끄는 인내심, 끈기 같은 것도 사실 재능의 일부라는 점을 명심할 필요가 있다. 노력은 누구나 할 수 있는 것이라고 생각하기 쉽다. 그러나 노력은 분명 재능의 일부이며 상위 인지 기능이다. 노력해야겠다고 생각하는 것 자체가 재능이며 개인에 따라 그 수준도 다르다.

한편, 사람은 재능을 가진 분야에서 더 노력을 하게 되어 있다. 재능과 노력은 별개의 것이 아니다. 재능이 노력의 정도를 어느 정도 규정하는 것이다. 따라서 조직의 리더라면 육성보다 재능의 관점을 갖는 것이 인사의 성공 확률을 높이는 길이다.

## ● 재능도 갈고닦아야 빛이 난다

한편, 개인의 해석은 다를 수 있다. 조직 구성원의 입장에서는 재능보다 노력의 유용성과 가능성을 믿는 게 좀더 유리하다. 재능은 타고나는 것이기 때문에 바뀌지 않는 상수라 할 수 있다. 그러나 노력은 어느 정도 개인이 선택할 수 있는 변수이다. 사실상 개인이 할 수 있는 것은 노력밖에 없는 셈이다.

그런데 노력조차 별 의미가 없다고 단정하면 무력감에 빠질 수밖에 없다. "노력보다 타고난 재능이 훨씬 중요하다."라고 믿는 사람들은 어려운 일에 직면하면 "노력해도 어차피 안 될 텐데, 뭐." 라며 쉽게 포기하는 모습을 보인다. 실제 심리학 연구들에 따르면 지능과 능력이 변하지 않는다고 믿는 사람들은 어려운 도전을 회피하고 쉽게 포기하는 경향이 있다고 한다.[6] 반면, 개인의 능력이 변화 가능한 성질의 것이라고 보는 사람들은 그렇지 않았다. 그러니 무엇이 맞는가를 떠나 우리가 살아가는 데는 노력의 유용성을 믿는 게 낫지 않을까?

재능은 성공에서 중요한 열쇠이다. 우선 이를 인정해야 한다. 하지만 재능이 전부는 아니다. 앞서 소개했던 엄청난 연습벌레를 이긴 천재 토머스는 2007년 세계육상경기대회에서 우승한 이후, 세계적인 경기에서 단 한 번도 우승하지 못했다. 타고난 재능 또한 갈고닦지 않으면 빛을 발하지 못하는 법이다.

**08**

# 성과,
# 개인의 역량인가?
# 관계의 힘인가?

인적 자본과 사회적 자본

사람과 지식에 대한 투자가 인류의 미래를 결정한다.
사람에 대한 투자를 중시할 때, 물적 자본 고갈에 대한
걱정은 사라진다.

—시어도어 윌리엄 슐츠

지적 자본은 다양한 사회적 관계와 이 관계들의
구조에 담겨 있다.

—자닌 나하피에트, 수만트라 고샬

## 소니의 몰락과, 집단 성과를 결정짓는 두 요소

소니는 세계 최고의 전자 기업이었다. 소니 CEO의 리더십은 매력적인 연구 대상이었고, 소니의 경영 전략은 전 세계 기업들의 벤치마킹 대상이었다. 제2차 세계대전 직후 탄생한 소니는 끊임없이 새로운 제품을 개발했고, 컬러TV, 바이오 노트북, 워크맨 등 시장에 내놓는 제품마다 최고의 인기를 누리며 30여 년간 선두의 자리에서 그 위엄을 지켜왔다. 하지만 1997년을 정점으로 수익성이 지속적으로 하락하기 시작하더니 2003년 최악의 경영 실적을 발표했고, 결국 주가가 폭락하는 '소니 쇼크' 사태를 맞으며 빠르게 추락했다.[1] 소니가 이렇게까지 무너진 원인은 무엇일까?

인재경영의 관점에서 보면 소니의 몰락은 두 가지 원인으로 설명된다. 먼저, 핵심 인재의 유출이다. 소니는 기술자들이 마음껏 역량을 발휘하여 개발에 매진할 수 있는 역동적 문화가 마련된 기업으로 유명했다. 1대, 2대, 3대 CEO가 모두 기술자이거나 기술에 정통한 사람이었다. 하지만 그 뒤를 이은 이데이 노부유키(出井伸之) 회장은 기술에 대한 관심이 크지 않았다. 그래서인지 구조조정 당시 기술 인력을 소홀히 대해 주요 업적을 이룬 기술자들마저 회사를 떠났다. 심지어 남은 연구원들을 생산직으로 발령내기까지 했다.[*] 핵심 인재에 대한 이러한 무관심은 회사의 신성장 동력 약화로 이어졌다.

두 번째는 사업부 간의 사일로(silo) 현상이다. 소니는 강력한 사업부제 시스템을 보유하고 있었다. 각 사업부는 독립적으로 운영되었으며, 개별 매출이 중요한 평가 요소였다. 아날로그 시대에서 디지털 시대로 변화하면서 기술 융합이 중요해졌지만 소니의 사업부들은 서로 경쟁하기에 급급했다. 각 사업부 간 기술 협력을 위해서는 비용을 지불해야 할 정도였다.[**]

소니의 사례는 집단 성과를 결정짓는 두 가지 요소인 핵심 인재와 협력 관계의 중요성을 보여준다. 이렇게 집단의 성패를 좌우하

---

[*] 2005년 5대 CEO로 취임한 하워드 스트링거(Howard Stringer) 역시 방송사 프로듀서 출신으로 기술에 무지했다. 당시 2인자였던 사무국장이 "어차피 스트링거 회장이 전자 부문을 몰라 토의가 어려우니 상세한 정보는 올리지 않아도 된다."라고 했을 정도였다.

[**] 소니는 아이팟이 나오기 2년 전 그에 버금가는 기술을 가지고 디지털 음악 파일 사용을 가능케 하는 제품을 내놓았다. PC에 있는 음악을 넣어 재생시킬 수 있는 메모리스틱형 워크맨과 내장형 메모리가 있는 워크맨을 각각 다른 사업부에서 출시했다. 하지만 이 두 제품은 모두 실패했다. 아직 부족한 모델 두 개가 각각 출시되었던 것이다. 결국 2년 뒤 애플사는 이 두 가지 기능을 모두 겸비한 아이팟을 출시했다(장세진 (2008). 《삼성과 소니》. 살림출판사).

는 인적 요소는, 크게 개개인의 능력에 초점을 둔 인적 자본(human capital)의 관점과 구성원 간 관계의 강도나 모양에 방점을 둔 사회적 자본(social capital)의 관점으로 바라볼 수 있다.

## ● 인적 자본: 핵심 인재는 기업의 최고 자산

'인적 자본'이라는 용어를 처음으로 사용하고 분석에 도입한 사람은 시어도어 윌리엄 슐츠라는 경제학자였다. 슐츠는 교육 투자의 영향력을 입증하기 위해 '사람(human)'을 일반 물리적 자본과 비슷한 하나의 '자본재(capital)'로 보았고, 교육 투자의 중요성을 실제로 입증해내기도 했다. 개인의 업무 관련 지식과 숙련도가 성과와 직접적 연관이 있음을 과학적으로 밝혀낸 것이다. 이를 시작으로 '인적 자본 이론'은 각 영역에 자리 잡게 되었다.[2]

인적 자본 이론에서 한 객체로서의 사람의 가치를 판단할 때

**시어도어 윌리엄 슐츠(Theodore William Schultz)**
미국 농업경제학자. 경제 발전에 대한 기술 교육의 기여율을 계산하는 슐츠 방정식을 발표하며 선진국과 개발도상국 모두 경제 발전을 위해서는 인적 자본에 대한 교육이 중요함을 강조했다. 1979년 노벨 경제학상을 수상했다.

중요하게 보는 것은 다음 세 가지다.

첫 번째는 교육(education)이다. 교육 수준이 높은 사람일수록 업무에 필요한 스킬을 빠르게 습득하고 생산성이 높다고 보는 것이다. 기업들은 전반적으로 직원을 채용할 때 고학력자나 상대적으로 학벌이 좋은 사람을 우대하는 경향이 있는데, 이는 채용 담당자들이 교육 수준을 인적 자본 가치를 판단하는 기준으로 사용하고 있음을 방증한다.

두 번째는 근속연수(tenure)로, 동일 직무에 오래 종사한 사람일수록 직무에 대한 암묵지가 많아 업무 효율성이 높다고 본다. 국내에서도 1997년 아시아 외환위기 이후 성과 기반 인사 제도가 도입되어 그 중요도가 줄어들긴 했지만 일반 기업에서 연공(年功)은 여전히 중요한 승진 및 보상 결정의 요인이다.

세 번째는 직장 내 훈련(OJT, On the Job Training)이나 직무 교육과 같은 훈련인데, 교육을 통해 직무에 필요한 지식이나 역량을 함양한 직원일수록 인적 자본으로서의 가치가 높다고 보는 것이다. 기업에서 직원들의 학업을 장려하여 MBA 또는 야간 대학원 진학을 지원하는 것과 더불어 리더십 교육이나 직무 관련 교육을 지원하는 것도 교육의 효과와 업무 능력에 정의 상관관계가 있다고 보기 때문이다.

실제로 많은 기업에서는 '핵심 인재'의 확보와 유지를 중요한 가치로 삼는다. 삼성의 이건희 회장은 과거 "우수한 사람 한 명이 천 명, 만 명을 먹여 살린다."라고 말하며 '인재 제일'을 핵심 가치로 내세웠다. MS의 빌 게이츠 또한 핵심 인재의 선발에 우선순위를 두는 것으로 유명한데, 핵심 인재 20명이 없었더라면 오늘의 MS도 없었을 거라고 공공연하게 말하며 MS의 성공 요인으로 뛰어난 인재를 꼽았다.

스티브 잡스는 한 사람의 직관과 통찰력이 집단 전체를 성공으로 이끈다는 것을 대표적으로 보여준 인물이다. 잡스는 애플의 설립자였지만 9년 후 회사에서 쫓겨난다. 그 후, 애플은 잡스가 개발해놓은 매킨토시로 잠시 동안 성장세를 유지하는 듯 보였으나 자체 운영체제 안정화 실패와 MS의 반격으로 위기를 맞는다. CEO까지 갈아치우며 회생을 꿈꿨지만 매킨토시의 시장 점유율이 급격히 떨어지면서 애플은 대규모 적자에 직면한다. 이러한 상황에서 애플의 이사진은 스티브 잡스를 복귀시키기로 결정한다.

경영 전선에 복귀한 그는 조직을 단순화하고 소수 정예로 최고의 전문가들을 뽑아 팀을 구성했다. 또한 애플의 브랜드 정체성을 확고히 하기 위해 "다르게 생각하라(Think Different)"라는 슬로건을 내걸었는데 이는 미국 사회에서 폭발적인 지지를 받았다. 이후, 제품 디자인과 개발을 직접 이끌어 아이맥을 선보였으며, 이를 통해 애플은 다시금 흑자로 전환한다. 또한 아이팟과 아이튠즈를 개발함으로써 컴퓨터 회사로만 알려져 있던 기업의 역량을 확장하고 입지를 단단히 했다.[3]

애플이 잡스를 통해 다시 태어나고 더 견고해졌다는 사실을 부정할 사람은 거의 없을 것이다. 그는 이렇듯 개인의 뛰어난 능력과 통찰력이 한 집단을 적자에서 흑자로, 절망에서 희망으로 바꾸어놓을 수 있음을 보여준 인물이다.

## ● 사회적 자본: 네트워크를 기반으로 생성되는 모든 자원

'사회적 자본'은 개인이 사회 네트워크를 통해 얻을 수 있는 모든 자원을 의미한다. 이 개념은 지역사회 연구에서 구성원 간의 관계가 지역사회에 미치는 영향을 연구하는 과정에서 처음 도출되었으나, 현재는 정치학, 경제학 등 사회 전반에서 차용되고 있다. 특히, 자닌 나하피에트와 수만트라 고샬은 사회나 국가가 아닌 조직 내에서의 사회적 자본을 정의하고 이론적 기반을 제시한 대표 학자이다.

이들은 구성원들의 관계에 근거하는 구조적 차원, 신뢰나 규범과 같은 개념을 포함하는 관계적 차원, 공유되는 문화를 의미하는 인지적 차원 등 세 가지 차원으로 사회적 자본을 분석했으며, 기업 내의 사회적 자본이 새로운 지식의 창출을 통해 성과를 만들어낸다고 주장했다.[4] 이후 많은 학자들이 조직의 성과를 견인하는 다양한 사회적 자본의 특징을 연구해오고 있는데, 그중에서도 가장 중요한 요소 두 가지를 꼽자면 관계의 '강도'와 '구조'를 들 수 있다.

**자닌 나하피에트(Janine Nahapiet)**
영국의 경영학자. 옥스퍼드 대학교 교수. 네트워크를 통한 기업의
가치 창출을 연구한다.

**수만트라 고샬(Sumantra Ghosal)**
인도의 조직 이론학자. 다국적기업의 매트릭스 구조와 문제점에 대
해 연구했다. 유럽 경영학의 스승으로 불린다.《국경 없는 기업 경영
(Managing Across Borders: The Translation Solution)》(1998),《문제는 성
과다(A Bias for Action)》(2004) 등의 공저자다.

관계의 강도는 사회적 자본을 결정하는 핵심적인 특징이다. 모
든 사람에게 더 친한 친구와 그렇지 않은 친구가 있듯이, 모든 집
단의 친밀도도 제각각 다르다. 그런데 이 친밀도에 따라 집단의
업무 프로세스와 성과가 달라진다. 무조건 유대 관계가 강해야만
하는 것은 아니다.[***] 하지만 집단 수준에서는, 집단 내부 관계가
안정되고 유대 관계가 끈끈할수록 긍정적인 성과를 낼 가능성이
높다. 친밀감이 강하게 형성되었을 때 양질의 정보가 공유되고,
서로의 업무를 효과적으로 조율하고 도와주며 시너지를 일으킬

---

[***] 마크 그라노베터라는 사회학자는 "약한 유대 관계의 강점"이라는 연구를 통해 약한 유
대 관계가 스스로의 역량으로 만나기 힘든 사람들을 만나게 해주고 더 새로운 정보를
얻게 해준다는 것을 밝히며 약한 유대 관계의 장점을 강조한 바 있다(Granovetter, M.
S. (1973). "The Strength of Weak Ties". *American Journal of Sociology*, pp. 1360-
1380).

수 있기 때문이다.

　최근 조직 내의 협력이나 팀워크의 중요성이 대두되면서 다양한 변화가 일어나고 있다. 가장 대표적인 것이 기업들의 직원 성과 평가에 사용되어온 상대평가의 폐지이다. MS는 오랫동안 스택 랭킹(stack ranking)이라는 제도를 두어 정해진 비율에 따라 직원들을 다섯 개의 등급으로 나누어 최하위 직원에게는 퇴직을 권고했다. GE의 전 회장 잭 웰치 또한 활력 곡선(vitality curve)이라는 이름의 상대평가 제도를 강도 높게 시행했다. 하지만 이런 제도들이 직원들 간의 협업 분위기를 해치는 것으로 나타나면서 결국 모두 폐지되었다.

　집단의 밀도나 중심화 정도 같은 구조의 특징 또한 사회적 자본을 결정짓는 요소이다. 중심화 정도란 네트워크가 하나의 중심으로 집중되는 정도를 말한다. 중심화 정도가 높을수록 한 사람을 통하여 많은 정보가 공유되고 효율적으로 업무가 조정되기 때문에 방향이 빠르게 설정되며, 이는 높은 성과로 이어진다. 반면 창의적이고 복잡한 문제 해결이 필요한 경우에는 분산화된 네트워크 구조가 적합하다. 중심화 정도가 낮으면 조직원들이 자신의 의견을 망설임 없이 개진할 수 있고, 이 과정을 통해 도출된 새로운 아이디어들이 의사 결정 과정에 포함될 가능성이 높기 때문이다.

　대표적인 예가 디자인 컨설팅 회사 아이데오(IDEO)이다. 아이데오는 다양한 분야의 전문가들이 모여 창의적인 아이디어를 내고 이를 실현시키는 회사로 유명한데, 주로 팀을 중심으로 일한다.

아이데오 팀 체계의 큰 특징 중 하나는 위계가 약하며 팀원 모두가 강한 책임 의식을 소유한다는 것이다. 아이데오는 창의적인 해결책을 도출하는 첫걸음으로 자율적 분위기의 브레인스토밍을 시행했다. 상사는 먼저 발언을 하여 제약을 가하거나 주눅 드는 분위기를 만들지 않는다. 각 분야 전문가에게 우선 발언권이 주어지지도 않는다. 모두의 가능성을 인정하고 누구라도 자유롭게 말할 수 있게 도와주는데 작고 엉뚱한 아이디어들이 실제로 혁신적인 제품 개발로 이어지는 경우가 많기 때문이다.

또한 최종적인 의사 결정을 할 때도, 소수의 리더가 주도하는 것이 아니라 모든 구성원들이 투표에 참여하여 가장 많은 지지를 얻은 아이디어를 채택한다. 철저히 모두가 결정권을 갖는 구조인 것이다. 이런 분산화 관계 구조를 통해 아이데오는 끊임없이 아이디어를 내놓으며 성장하고 있다.[5]

미국 온라인 판매업체 자포스(Zappos)는 여기서 한 발 더 나아간다. 자포스는 2014년 리더가 없는 조직 '홀라크라시(Holacracy)' 도입을 선언했다. 이 조직에서는 한 가지 목적을 정하고 이를 달성하기 위해 필요한 역할을 수행하는 사람들이 자율적으로 모여 프로세스와 규칙을 정한 뒤 프로젝트를 진행한다. 위계질서가 강한 기존 조직과 달리 모든 사람이 각자의 역할에 맞춰 책임을 지기 때문에 외부의 긴급 상황에 빠르게 대응할 수 있으며 책임 소재가 분명하다. 기존 구조의 비효율성을 타파하고자 파격적인 시도를 감행한 것이다. 이 시도의 성패를 판단하기는 아직 이르지만 혁신적인 조직 문화의 선두주자로 알려진 자포스가 한 단계 도약을 위한 발걸음으로 '네트워크 구조의 변화'를 꾀했다는 사실은 주목할 만한 일이다.

## 인적 자본과 사회적 자본의 이중주가 열쇠

인적 자본과 사회적 자본은 서로 대립되는 개념이 아니다. 개인의 뛰어난 능력, 그리고 구성원의 결속력과 업무 특성에 맞는 네트워크 구조는 모두 다가오는 지식사회에 반드시 필요한 덕목이다. 뛰어난 사람들로 팀이 구성되어도, 협업이 이루어지지 않으면 그 능력이 제대로 발휘되기 어렵다. 마찬가지로 팀의 결속력이 아무리 좋아도 개개인의 역량이 부족하면 일정 수준 이상의 성과를 내기 어렵다.

전 세계적으로 인재 전쟁이 치열하다. 기업들이 눈에 불을 켜고 찾는 인재의 주요 덕목에서 '전문성'과 '협업 능력'은 거의 빠지지 않는다. 이 두 가지를 모두 확보한 집단만이 살아남으리라는 것은 수많은 경영자들이 이미 알고 있는 사실이다.

중국의 IT 기업 알리바바는 대표적으로 이 두 가지를 모두 추구하며 성장한 기업이다. 알리바바는 업계 최고의 급여 수준을 유지하고, 우수 직원에 대한 급여 상한을 두지 않는 등 능력이 뛰어난 인재를 끌어들이고 키우기 위해 많은 힘을 쏟는다. 동시에

CEO 마윈(馬雲)은 "알리바바는 당신이 있어 좋은 조직이지만, 이 조직이 없다면 당신은 결코 좋을 수 없다."라고 말하며 소속감과 협력을 끊임없이 강조한다. 이것이 알리바바를 만든 힘이자, 미래를 이끌어갈 힘이다.

오디션 프로그램을 보다가 가장 짜릿함을 느끼는 순간은 팀 미션을 통해 각 출연자의 장점이 극대화되어 상상하지 못한 결과가 나올 때다. 역량 있는 출연자들이 한 마음으로 모여 시너지를 창출할 때 사람들은 박수를 치고 환호한다. 능력 있는 개인들이 크고 작은 집단으로 모여 긍정적인 사회적 자본을 만들어낼 때, 그 누구도 상상하지 못한 변화가 일어나 조직을 움직일 것이다.

**09**

# 수평적 조직 구조는
# 모든 기업에
# 약이 될 수 있을까?

수평 조직과 수직 조직

모든 명령의 전달 단계, 즉 위계 단계마다 잡음은
2배로 늘어나고 메시지는 반으로 줄어든다.
―피터 드러커

'위계'야말로 자연의 섭리, 자연이 만든 창조물이다.
―엘리엇 자크

# 혁신 기업의 키워드, '수평 조직'

당신이 한 조직의 CEO로 취임했다고 가정해보자. 이 조직에는 여러 가지 문제가 산적해 있다. 이때 당신은 가장 먼저 무엇을 하고 싶은가?

2010년 《하버드 비즈니스 리뷰(Harvard Business Review)》에 실린 베인앤드컴퍼니(Bain&Company)의 연구 결과에서 답을 찾아보자.[1] 대다수의 CEO들은 조직 구조가 기업의 성과를 결정하는 중요한 요소라고 생각한다. 사업 성공을 위해 가장 효율적인 조직을 구성하고, 적재적소에 최고의 인재를 배치하고 싶어 한다는 이야기다. 실제로 전 세계 CEO의 절반 이상이 취임 2년 이내에 조직 개편을 추진한다고 하니 경영자들이 조직 구성에 얼마나 많은 공을 들이는지 짐작할 수 있다.

그런데 최근 실리콘밸리 혁신 기업들의 폭발적인 성장세를 경험하며 조직 구성과 조직 전략은 새로운 국면을 맞이했다. 구글, 애플, 페이스북 등을 보며 국내에서도 창조 · 창의 경영이 시대의 키워드로 자리 잡았고, 수많은 기업들이 너나없이 혁신, 또 혁신을 외치며 실리콘밸리 혁신 아이콘들의 일하는 방식, 생각하는 방식을 배우기 위해 노력하고 있다.

이런 혁신 기업들을 분석할 때 가장 눈에 띄는 키워드 하나가 '수평 조직(flat organization)'이다. 즉, 위계와 격식을 없애고 자유롭게 소통할 수 있는 조직을 구성하여 혁신 역량을 열 배, 백 배 강화하자는 것이다. 기업 생존의 절대 원칙인 스피드와 민첩성을 증가시키는 데 수평 조직이 도움이 된다는 생각이 보편화되면서 수평 조직의 구축은 경영 혁신의 전제 조건처럼 여겨지게 되었다.

반면, 수평 조직과는 상대되는 개념인 '수직적 · 위계적 조직'이라는 단어는 마치 구시대적이고 순발력이 떨어지는 듯한 부정적인 어감을 갖게 되었다. 많은 직장인들이 입버릇처럼 내뱉는 "우리 조직은 너무 수직적이고 위계적이야."라는 말이 어떤 뉘앙스를 풍기는지를 생각해보면 쉽게 알 수 있는 일이다. 대다수 조직 구성원들이 무의식중에 수직 조직은 무언가 한계가 많고, 효율적이지 않다는 생각을 하고 있는 것이다.

조직 구성은 어느 기업에나, 또 기업에 속한 구성원 누구에게나 항상 뜨거운 감자다. 조직 구성 자체가 일하는 방식을 바꿀 뿐만 아니라, 구성원의 권한과 책임을 결정하며, 모든 이해관계의 시작이기 때문이다. 이렇듯 말도 많고 탈도 많은 조직 구조, 즉 수평 조직과 수직 조직에 대한 상반된 시선을 알아보자.

## 자유로운 토론과 의견 교환의 힘

최근 등장하여 세간의 주목을 받는 것 같지만, 사실 수평 조직이라는 단어가 처음 등장한 것은 1960년대이다. 그 당시에는 "수평 조직을 구축할 때 직원들의 만족도나 윤리 의식이 높아진다."라는 등 조직 행동이나 심리학과 관련된 연구가 대다수였고,[2] 또 "수평 조직을 구성해야 한다."라는 강력한 주장보다는 "효과적인 조직 관리를 위해 수평 조직을 고민해볼 필요가 있다."라는 제안 정도로 거론되었다.

수평 조직이라는 개념은 1988년 본격적으로 기업 경영에 도입되었다. 현대 경영학의 아버지라 불리는 피터 드러커는 《하버드 비즈니스 리뷰》에 "새로운 조직의 도래(The Coming of the New Organization)"[3]라는 글을 기고하여 "정보와 지식이 기업의 경쟁 우위가 되는 새로운 경영 환경에서는 수평 조직이 답이다."라고 주장했다. 드러커는 "모든 명령의 전달 단계, 즉 위계 단계마다 잡음은 2배로 늘어나고, 메시지는 반으로 줄어든다."라는 정보 이론[4]에 근거하여 조직의 명령 계층을 최소화하는 것이 조직 구조 설계의 핵심이 될 것이라고 말했다.

포스트 모더니즘 사조의 영향으로 1990년대에 들어서며 기존

**피터 드러커(Peter Drucker)**

미국의 미래학자이자 경영학자. 근대 경영학의
기틀을 마련한 인물로, 기업의 존재 이유가 '고
객'이며 그 목적은 '시장'이고 근로자는 '지식
자산'이라는 패러다임을 제시했다(이전의 경영학
은 기업의 존재 이유는 이윤 추구이며, 근로자는 비용으
로 인식했다). 《21세기 지식경영(Management
Challenges for the 21st century)》(1999), 《경영의 지배(A Functioning
Society)》(2003) 등 다수의 저서가 있다.

© The Drucker Institute,
Claremont Graduate University

의 관리 방식에 의문이 제기되고 IT를 기반으로 한 기업들이 큰
성공을 거두기 시작하며 이 주장은 힘을 얻었다. 전통 제조업에서
정보 기술을 무기로 한 IT 기업으로, 기업 경영과 경쟁 환경의 패
러다임이 전환되면서 새로운 조직 구조를 요구받던 기업들에게
수평 조직은 그야말로 새로운 대안으로 받아들여졌다.

특히 구글, 페이스북 등 수평 조직을 기반으로 한 혁신 기업들
이 속속 출현하자, 수많은 기업들이 수평 조직을 만들기 위해 노
력했다. IT 공룡 기업들의 조직 구조를 보면 프로젝트를 담당하는
프로젝트 매니저 외에 모든 직원들이 동등한 위치에서 서로의 성
과물을 놓고 거침없는 토론과 자유로운 의견 교환을 통해 최고의
혁신 기술을 만들어냈다.

구글의 회장 에릭 슈미트(Eric Schmidt)는 저서 《구글은 어떻게

일하는가》[5]에서 조직 구성의 첫 번째 원칙으로 수평적인 관점을 유지하라고 주장했다. 전문성과 창의력을 가진 인력들이 쉽고 빠르게 의사 결정권자를 만날 수 있게 하여 그들이 가진 능력을 충분히 발휘할 수 있게 해주어야 한다는 것이다. 어느 인터뷰에서 그는 "지식이 쉽게 이동할 수 있는 네트워크 기반의 조직 형태가 되기 위해서는 위계가 없는 수평 조직이 필수적이며, 구글은 이런 조직 형태의 전형이다."라고 전했다.[6]

## 유니클로를 살린 수평 조직 효과

전 세계 소비자들의 사랑을 받는 유니클로 역시 어려움을 겪던 시기에 수평 조직이라는 솔루션으로 역경을 극복했다. 2002년 창업 후 처음으로 매출 성장이 꺾이고, 당기순이익이 36퍼센트나 하락했던 유니클로는 그 해결책으로 관료화된 조직을 철저히 수평화하기로 결정한다. 호칭과 직급을 없애고 누구나 자유롭게 아이디어를 개진할 수 있게 하는 것이 변화의 목표였다.

조직 구조를 바꾼 효과는 즉각적으로 나타났다. 능력 있는 젊은 인재와 저력과 연륜을 보유한 선배 간부들이 시너지를 발휘하기 시작했다. 모든 직원들이 소신껏 일하고, 본인이 만들어낸 결과에 책임을 지도록 권한이 위임되었으며, 성과에 대한 확실한 보상 제도도 정비되었다. 소비자의 니즈와 패션 트렌드를 발 빠르게 포착해 이를 상품에 반영해야 하는 유니클로에 수평 조직이 최적의 솔루션이 된 것이다.

## ● 조직 학습과 효율성 극대화에 적합한 수직 조직

이제 조직이라는 단어를 들을 때면 자연스럽게 떠올리게 되는 수직 조직을 살펴보자.

엘리엇 자크는 2012년《하버드 비지니스 리뷰》90주년 특집호에 경영학 100년사에 남을 인물로 등재된 심리학자이며 인재 개발 이론의 선구자다. 그는 하버드 대학교에서 사회관계론을 전공하고, 영국으로 건너가 조직 내 인간관계, 인재 개발, 조직 문화에 이르기까지 폭넓은 연구를 했다.

1997년 그는《필수 조직》[7]이라는 저서에서 관리적 위계가 조직에 에너지를 불어넣고, 창조성과 생산성을 높이며, 경쟁력 있는 비즈니스 수행에 긍정적인 영향을 미친다고 주장했다. 그는 '위계

**엘리엇 자크(Elliott Jaques)**
캐나다의 조직 심리학자. 심리학을 기반으로 조직 전략, 조직 행동, 조직 문화, 조직 개발 등 폭넓은 연구와 저술 활동을 펼쳤다. 주요 저서로《필수 조직(The Requisite Organization)》(1989) 등이 있다.

(hierarchy)'야말로 자연의 섭리, 자연이 만든 창조물[8]이라 주장했다. 나무만 보아도 뿌리, 줄기, 잎으로 구성된 '체계'가 있으며 생태계에도 먹이사슬과 같은 위계가 있다는 것이다. 구글의 에릭 슈미트 역시 "사람들은 수평 조직을 원한다고 말하지만 내심 계급적인 조직을 갈망하기 마련"이라고 했으며 시간이 지나며 조직에서의 정보와 권력이 증가할수록 더욱 그렇게 된다고 강조했다.

최근 국내의 한 연구진은 조직의 위계가 조직 전체의 학습 역량과 역동성을 높이는 데 효과적이라는 연구 결과를 발표했다.[9] 연구 결과에 따르면 특히 적정한 위계를 가진 조직의 중간 계층은 정보 전달자로서의 역할뿐 아니라, 조직의 역동적 능력, 조직 전체의 학습 효과를 증가시키는 역할을 한다. 수평 조직에서는 한 명의 리더가 다수의 직원을 학습시키는 데 한계가 있다는 점을 우회적으로 지적한 것이다.

이 연구는 조직이 성장하는 과정에서 적절한 위계질서를 갖추는 것이 오히려 학습을 통한 역량 강화, 나아가 성과 창출과 효율성 제고에 도움이 된다는 점을 다시 한 번 확인시켜 주었다.

## ● 업에 맞는 조직 구성을 심사숙고해야

최근 국내의 많은 기업들도 수평적 구조와 자유로운 조직 문화를 가진 조직을 설계하는 데 많은 힘을 쏟고 있다. 특히 기존 5단계(사원-대리-과장-차장-부장)의 직급 체계를 두세 단계로 통합하는 브로드밴딩을 고민하거나, 직급 호칭을 없애고 모두 '님'으로 부르는 등 위계를 줄이고 보다 수평적이고 창의적인 조직을 만들기 위한 노력들이 급증했다. 하지만 이런 변화에 앞서 각기 다른 장점을 가지고 있는 수직 조직과 수평 조직의 전제 조건들을 잘 살펴볼 필요가 있다.

수평 조직을 구성하기 위해서는 팀원 전원이 일정 수준의 전문성을 갖추어야 하며, 상대적으로 팀의 규모가 작을 때 효과가 높다는 점을 명심해야 한다. 업의 특성도 영향을 미치는데, 활발한 토론과 자유로운 의견 교환, 아이디어 스토밍이 핵심이 되는 업무에서는 작고 민첩성이 높은 수평 조직이 확실히 효과적일 것이다. 또한 하나의 팀에 너무 많은 인력을 배치하는 것도 수평 조직에는 독이 될 수 있다. 아마존의 창업자이자 CEO 제프 베조스는 조직을 구성할 때는 '피자 두 판의 원리(two pizza rule)'[10]를 지키라고 말했다. 즉, 모든 부서원이 피자 두 판으로 배불리 먹을 정도로만 팀을 구성하라는 의미이다.

반면, 수직 조직은 상대적으로 팀의 규모가 크고, 업무의 변화가 많지 않아 효율성을 극대화해야 하는 조직, 신입 사원처럼 학습이 필요한 사람들이 주기적으로 유입되어 조직 학습이 중요할 때 효과적이다. 공채를 통해 지속적으로 신입 사원을 선발하는 한국 기업들이 수직적인 조직을 유지하면서도 높은 성과를 내는 것은 이런 장점을 잘 활용한 결과일 것이다.

어떤 조직을 구성할 것인가 하는 것은 기업의 의사 결정 구조, 일하는 방식을 결정하는 중요한 문제다. 특히 기존 조직 구성에 변화를 주는 일은 구성원을 비롯한 이해관계자들에게 적지 않은 파장을 일으킨다. 따라서 기업이 직면하고 있는 시장 환경, 업의 특성, 조직 문화를 비롯해 팀의 규모, 업무 프로세스, 조직 역량 등을 종합적으로 고려하는 것이 필수적이다. 만약 이런 것들이 고려되지 않은 상태에서 조직도만 수평 또는 수직적으로 그려낸다면, 갑작스러운 변화로 인한 혼란만 가중될 것이다.

조직 구성은 모든 경영자에게 매우 고민스러운 과제다. 많은 경영자들이 심사숙고한 끝에 조직 구성을 바꾸었지만 기대만큼의 효과가 나타나지 않는다는 고백을 심심치 않게 해온다. 조직 개편에 앞서 수평 조직과 수직 조직 구성의 전제 조건들을 다시 한 번 검토해보도록 하자.

**10**

# 리더는 타고나는가?
# 만들어지는가?

특성론과 행동론

지도자는 처음부터 지도자로서의 특성을 가지고 태
어난다.

－랠프 멜빈 스토그딜

훌륭한 리더는 적절한 시기에 적절한 리더십 유형
을 탄력적으로 활용할 수 있는 사람이다.

－다니엘 골먼

# 무엇이 훌륭한 리더를 만들까

훌륭한 리더가 조직의 성공에 지대한 영향을 미치는 것은 분명한 사실이다. 우리 시대의 탁월한 비즈니스 리더인 애플의 스티브 잡스, 페이스북의 마크 주커버그, 테슬라의 엘론 머스크, 아마존의 제프 베조스 등의 역량과 리더십 스타일은 회사의 이미지와 동일시되기도 하며, 우수 인재의 유인과 유지에도 많은 영향을 미친다.

리더십을 연구하는 이론은 특성론, 행동론 등을 거쳐 상황론으로 이어졌고, 새로운 리더십 유형들이 계속 발표되고 있다. 오래전부터 리더십의 가장 뜨거운 이슈는 리더가 과연 타고나는 것일까, 아니면 훈련을 통해 육성되는 것일까 하는 것이다. 이 문제에 대해서는 학자들의 의견이 엇갈리지만, 어느 한쪽의 주장이 절대적으로 옳지 않다는 것만은 많은 경험을 통해 증명되었다. 다만 리더의 특징 중 어떤 부분이 타고나는 것이며, 어떤 부분이 육성되는 것인가는 오늘날 리더가 갖는 상징성과 영향력 때문에라도 한 번쯤 짚고 넘어갈 문제로, 리더의 선발과 육성과 관련해서도 많은 시사점을 제공할 것이다.

## 특성론: 리더십은 하늘이 주는 능력

먼저 리더십은 선천적으로 타고난 능력이라는 주장을 살펴보자. 20세기 초반 랠프 스토그딜 등을 필두로 한 초기 리더십 연구는 리더십 위인론(the great man theory of leadership, 역사적으로 위대한 인물에 대한 연구)에서 시작되어 특성론(trait theory)으로 이어졌다. 뛰어난 리더는 남과 다른 특성이 있다는 것이 이들의 주장으로, 주로 지능이나 성격, 신체적 특성 등의 차이를 평가했다. 이후 리더십 연구는 이 전제를 바탕으로 발전하여, 훌륭한 리더는 언제 어디서나 성과를 낸다는 것을 가정하고 공통적으로 중시되는 자질을 찾아내는 방향으로 초점이 맞추어졌다.

**랠프 멜빈 스토그딜(Ralph Melvin Stogdill)**
미국의 심리학자. 초기 리더십 연구의 리더이다. 대표 저서로는 방대한 연구 데이터에 기반한 《리더십 핸드북(Handbook of Leadership)》(1974) 등이 있다.

개인의 특성을 계량화하려는 연구는 1920년대부터 1950년대까지 심리 검사의 개발과 함께 더욱 촉진되었다. 리더에게 요구되는 특성은 학자마다 다르게 정의하는데, 스토그딜은 능력, 업적, 책임감 등을 꼽았으며, 데이비스(K. Davis)는 지능, 사회적 열정, 내적 동기 유발, 성취 욕구, 인간관계적 태도 등을, 카츠((D. Katz)는 전문지식, 기술적 능력, 개념적 능력 등을 중요한 자질로 제시했다.[1]

특성론은 리더가 될 수 있는 사람은 정해져 있으므로 조직이 성공하기 위해서는 리더를 육성하기보다는 훌륭한 자질을 가진 리더를 영입하는 것이 더 바람직하다고 보았다. 결과적으로 리더와 리더가 아닌 사람들을 나누어 생각한 것이다. 리더십과 유전에 관련된 최근의 쌍둥이 연구[2]에서도 리더의 위치에 있는 부모를 둔 사람들은 리더의 특성을 물려받을 가능성이 24퍼센트 정도로 예상된다고 보고하고 있어 우수한 리더의 어떤 특징이 일부 선천적으로 유전된다는 주장을 뒷받침하고 있다.

그러나 특성만으로는 리더의 성과를 설명하기 어렵고, 특성 자체도 복잡해지면서 일관되지 않은 연구 결과들이 도출되었다. 현실의 사업이나 업무 환경, 다양한 조직 문화 등을 고려할 때 타고난 특성만으로 모든 것을 설명하는 데는 무리가 있다는 점도 문제였다. 또한 뛰어난 지적 능력(IQ)이나 카리스마 있는 성격이 리더십의 기초인 것은 사실이지만, 다양한 사업, 조직 환경에서 리더십을 발휘하기 위한 기술은 지속적인 학습과 훈련을 통해 획득

되며, 한 가지 유형의 성격 특성이 모든 상황에서 항상 최선은 아니라는 점에 많은 전문가들이 의견을 함께하고 있다.

## ● 행동론: 리더십은 후천적으로 습득 가능한 스킬

이후 리더십에 대한 관심은 20세기 중반을 전후하여 행동주의(behaviorism)의 영향을 받아, 성공한 리더의 특성을 조사하는 관점에서 리더가 실제로 보이는 행동을 관찰하는 쪽으로 변화했다. 행동주의는 인간의 행동을 과학적으로 연구하는 방법론을 강조한 관점이며 직접적인 관찰이나 측정이 가능한 행동만을 연구 주제로 삼자는 주장이다.

특성론이 타고난 자질에 초점을 맞추었다면, 행동론(behavioral theory)은 리더의 행동 패턴이나 스타일은 체계적인 훈련을 통해 개발 가능하며 우수한 리더십 행동 역시 후천적으로 습득 가능한 것임을 주장한다. 대표적인 연구로는 아이오와 대학교 연구, 오하이오 주립대학교 연구, 미시간 대학교 연구, 블레이크와 무턴 등의 연구 결과 등을 꼽을 수 있다. 이들의 연구 주제는 공통적으로 리더가 부하 직원과의 관계나 과업 중 어떤 것을 중시하는가, 부하 직원을 대할 때의 리더십 행동 스타일과 의사 결정 스타일은 어떠하며, 또 무엇이 효과적인가 등에 초점을 맞추었다.

예를 들어 과업이나 직무를 중시하는 리더는 성과와 업무 진행

로버트 블레이크(Robert. R. Blake)와 제인 무턴(Jane. S. Mouton)
미국의 심리학자들로 1950~1960년대 텍사스 대학교의 심리학부에서 함께 연구를 진행했으며, 리더의 행동을 연구하기 위한 프레임워크로 매니저리얼 그리드 모델을 개발했다. 공동 저서로 《매니저리얼 그리드(The Managerial Grid)》(1964) 등이 있다.

방법에 관심을 가지고 조직의 공식적 권력에 의존하는 스타일이며, 구성원을 중시하는 리더는 부하 직원들의 개인적 문제에도 관심을 가지고 권한을 위임하는 스타일이다.

이중, 과업과 사람에 대한 오하이오 대학교의 기존 연구를 발전시킨 로버트 블레이크와 제인 무턴의 매니저리얼 그리드(managerial grid)[3] 모델은 조직과 리더를 개발하는 데 활용되었다.

이 모델은 리더가 지향하는 방향을 두 차원으로 구분하여 가로축에는 생산에 대한 관심 정도를 9등급으로, 세로축에는 사람에 대한 관심 정도를 9등급으로 나누어 조합했다. 기본적인 리더의 유형은 사람과 생산에 대한 관심이 낮은 무능력형, 사람에 대한 관심은 높지만 생산에 대한 관심은 떨어지는 컨트리클럽형, 생산에 대한 관심만 높은 과업형과 두 가지 모두에 대한 관심이 높은 이상형으로 설명할 수 있다.

특성론의 주장과 달리 교육과 훈련을 통해 리더십을 향상시킬 수 있다고 본 것이 차이점이라고는 하나 행동론 역시 어떤 상황

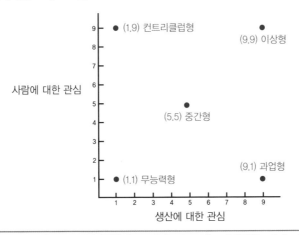

자료: Blake, R. R. & Mouton, J. S. (1968). *Corporate Excellence through Grid Organization Development.* Houston: Gulf Publishing.

에서나 효과적인 리더십이 있다는 보편적인 입장을 전제하고 있어 상황적인 영향력을 간과하는 한계를 보였다.

● **상황론: 상황에 따라 필요한 리더십이 다르다**

현실의 조직 상황은 단순하지 않다. 그러므로 특정 상황에 보다 적합한 리더십 스타일이 존재하는 등 각 상황에 따라 요구되는 리더의 자질도 다르다.

리더의 효과성은 상황과 상호 작용에 의해 달라지는데, 이와 같은 환경적 요인들을 연구한 것이 상황론(contingency theory)이다.

피들러(1967)의 리더십 상황론[*], 허쉬와 블랜차드(1977)의 성숙도 이론[**] 등은 리더십의 다양한 요인을 고려하면서 상황에 따라 리더십 효과성이 달라질 수 있다고 주장한다. 리더의 스타일과 기업 내외부 환경, 그리고 상황적 변수에 따라 리더 행동의 효과성이 달라질 수 있다는 것이다. 그러나 특정 상황이란 것이 얼마나 오랫동안 유지될 수 있는가에 대한 의문이 제기되었고, 특정 상황에서 적합한 리더십 스타일을 과연 명확하게 정의할 수 있을까 하는 점도 문제로 남았다.

2000년 들어 심리학자 다니엘 골먼은 이러한 상황론적 관점에서 《하버드 비즈니스 리뷰》[4]에 리더십의 여섯 가지 스타일을 제시했다. 여섯 가지 리더십 스타일은 직접 모범을 보여 부하 직원을 이끄는 솔선형, 장기적인 비전을 부여하는 비전형, 부하 직원의 성장을 독려하는 육성형, 해야 할 일을 명확하게 전달하는 지시형, 신뢰와 화합을 조성하는 친화형, 컨센서스 도출과 새로운 아이디어를 독려하는 민주형 등이며, 이 다양한 리더십 스타일을 상황에 맞게 적절하게 구사하는 것이 리더십 효과성의 핵심이라는 주장이다.

---

* 최초의 상황론으로 평가받는 모델로, 리더의 스타일을 관계 중심과 과업 중심 스타일로 설정하고 상황 특성을 리더-구성원 관계, 과업 구조, 직위 권한 등 세 가지로 구체화하여 각 특성에 적합한 리더십 스타일을 제시했다.

** 부하 직원의 성숙도에 따라 리더가 점진적으로 하급자에게 권한을 넘겨주어야 한다는 이론으로 리더와 부하 직원 간의 수명 주기를 다룬다.

다니엘 골먼(Daniel Goleman)

세계적인 심리학자이자 가장 영향력 있는 경영 사상가 중 한 사람이
다.《타임(Time)》에 기고한 글로 퓰리처상 후보에 두 번 올랐다. 감성
지능이라는 개념을 창안했으며 대표 저서로는《감성 지능(Emotional
Intelligence)》(1996),《감성의 리더십(The Primal Leadership)》(2002),《포
커스(Focus)》(2013) 등이 있다.

　　예를 들어 부하 직원의 역량과 성숙도가 높은 조직에서는 민주
형 리더십을 발휘하여 직원들의 의견을 경청하고 결정하는 것이
효과적이지만, 마감 기한이 촉박하거나 직원들의 역량이 미성숙
한 경우에는 모든 사람들을 의사 결정에 참여시키기보다는 무엇
을 해야 할지 명확하게 전달하는 지시형 스타일이 보다 효과적일
수 있다. 결국 상황에 따라 유연하게 대처하는 리더가 훌륭한 리
더라는 것이다.

　　그러나 이렇게 복잡한 상황에 대한 정보를 정확하게 인식하여
적합한 행동을 하는 것은 결국 리더 개인의 동기나 성격, 그리고
인지 능력과 밀접한 관계가 있다. 그리고 이 요인들의 대부분은
선천적으로 타고나거나 아주 어린 시절에 형성된다.

## 인재사관학교 GE의 리더십 과정

지적인 능력과 통찰력, 높은 성취 동기 등 성격적인 부분은 훌륭한 리더의 기본적 조건에서 배제할 수 없는 부분이다. 그러나 리더 본인이 가진 능력을 최대한 발휘하고 필요한 스킬을 습득하기 위해서는 적절한 경험과 훈련이 반드시 필요하다. 조직을 성공으로 이끄는 미래의 리더를 양성하기 위해서는 타고난 특성과 육성되는 영역, 두 가지 모두를 인정하고 적절하게 활용해야 한다.

인재사관학교라고 불리는 GE는 리더십에 바탕을 둔 체계적인 인재 양성 프로그램을 갖춘 것으로 유명하다. 이 프로그램에 지원하는 사람에게는 우수한 인지 능력이 요구되는데 선발 과정에서 지원자의 이력, 경력, 가치관, 역량 등을 검증함으로써 이러한 능력을 평가한다.

또한 힘든 과정에 몰입하여 끝까지 참여하는 열정, 목표 의식, 그리고 좌절과 실패를 견디는 스트레스 관리 능력과 회복 탄력성, 다른 사람들과 함께 일하는 데 필요한 대인 관계 능력이 요구되는데, 지원자들은 훈련 과정 속의 다양한 경험을 통해 장점을 계속 개발하면서 리더로서의 발전 가능성을 스스로 시험하게 된다. 이 과정을 통해 GE는 잠재력 있는 사람들을 더욱 뛰어난 능력을 갖춘 인재로 성장시킨다.

리더십의 많은 부분은 개발될 수 있지만, 개인의 자질이나 선호도 고려해야 하는데, 많은 조직에서 활용하고 있는 듀얼 트랙(dual track) 경력 개발***이 그 좋은 예이다. 모든 사람이 리더가 될 수는 없고 모든 사람이 리더의 포지션을 원하지도 않는다. 조직에는 리더보다 전문가로서의 자질을 훌륭하게 갖춘 사람들도 있기 때문에 많은 기업이 사람들을 관장하는 인재와 기술적인 부분을 관장하는 인재를 구분하여 관리하고 있다.

## 미래의 리더에게 요구되는 모습

시대에 따라 우수한 리더상이 바뀌듯 리더에게 요구되는 역량도 지속적으로 변하고 있다. 오늘날처럼 복잡성이 증가하고 변화의 속도가 빠른 환경, 즉 V.U.C.A. 시대****에는 과거의 성공 요인이 미래의 성공을 담보하지 않는다. 과거에 중시됐던 특성인 집념, 성취 동기, 주도성, 영향력, 업무 경험뿐 아니라 예측할 수 없는 환경에 적응할 수 있는 호기심과 학습 능력, 유연성과 적응력 등이 훌륭한 리더가 갖추어야 할 잠재 역량으로 꼽힌다. 또한 리더십은 반드시 부하 직원들과의 상호 작용을 전제로 하기 때문에 이전처럼 거리감 있는 리더보다는, 부하 직원의 성장에 실질적으

---

*** 관리자로 성장할 수 있는 경로와 전문가로 성장할 수 있는 경로를 동시에 운영하는 것.

**** 급변하고 V(Volatile), 불확실하며 U(Uncertain), 복잡하고 C(Complex), 모호한 A(Ambiguous) 환경을 의미한다.

로 도움이 되는 조언을 제공하는 친근감 있는 모습이 더욱 각광받을 것이다.

자포스의 CEO 토니 셰이(Tony Hsieh)는 행복한 직장을 만들고 싶다는 신념과 철학을 바탕으로 직원들과 직접적으로 소통하며 수평적인 조직 문화를 만든 것으로 유명하다. 실제로 그는 사장실을 따로 두지 않고 바쁜 시즌에는 콜센터 팀에서 직접 고객 응대를 하면서 직원들과 함께 현장에서 호흡한다고 한다. 리더의 이런 모습은 유연하고 창의적인 문화를 형성하는 데 크게 기여했다.

그러나 시대가 바뀌어도 리더의 가장 중요한 역할이 직원들에게 강력한 비전을 심어주는 것이라는 점은 변하지 않는다. 테슬라모터스(Tesla Motors)의 CEO 엘론 머스크(Elon Musk)가 실리콘밸리의 유명 회사들보다 상대적으로 경쟁력이 떨어지는 보상을 제공하면서도, 최고의 직원들을 유인하는 것은 그가 제시하는 강력한 비전 덕분이다. 세상을 바꾸는 멋진 일을 하고 싶다는 목표를 가진 직원들을 끌어당겨 한 방향으로 나아가게 하는 것이다.

조직은 이러한 훌륭한 리더들의 모습에서 지속적인 성공 사례들을 발견하고 리더십 개발과 훈련에 활용한다. 그러나 모든 회사를 성공시킬 수 있는 만능 리더십은 존재하지 않는다. 따라서 변화하는 환경에 가장 효과적인 리더십 스타일을 찾아내기 위해서는 끊임없는 고민이 필요하다. 리더의 스타일은 업의 특성, 구성원의 자질, 기존 구성원들이 구축한 문화 등에 따라 변하는 복잡한 환경과 시너지를 내야 하기 때문이다.

## 능력과 노력의 하모니

우수한 리더가 되기 위해서는 타고난 능력이 매우 중요하다. 우리 시대의 훌륭한 리더들은 공통적으로 자신을 둘러싼 환경뿐 아니라 미래의 트렌드를 읽어내는 통찰력과 포기를 모르는 집념을 보여주었다. 이러한 자질은 결코 훈련만으로는 만들어지지 않는다. 그러나 타고난 능력이 아무리 탁월하다 해도 적절한 경험을 통해 실행으로 연결되지 않았다면 그러한 잠재력은 발휘되지 못했을 것이다.

창업가가 아닌 이상 조직에서 미래의 리더로 성장하기 위해서는 체계적인 훈련을 받아야 하며, 조직은 리더의 역할과 역량을 명확히 정의하고, 이를 개발하기 위한 프로그램을 적시에 제공해야 한다. 특히 최고 레벨의 리더는 스스로 롤 모델이 되어 새로운 비전을 제시하고, 중간 관리자는 이를 다시 자신의 팀에 적합한 비전과 목표로 해석하여 전달할 수 있어야 한다. 자기 주도적 교육을 중시하는 구글도 리더십만큼은 예외적으로 집합 교육을 실시하는데, 조직의 가치와 올바른 행동 규범을 체화하는 것이 그만큼 중요하다고 여기기 때문이다.

한 조직에서 리더가 되기까지는 오랜 시간이 필요하다는 점을 생각해보면, 조직에서 성장하며 경험하는 모든 것은 미래의 리더를 만들어가는 과정이라고 할 수 있다. 인재를 발굴할 때 잠재력을 충분히 검토하고, 그 잠재력이 충분히 발휘될 수 있도록 개인의 역량 특성을 지속적으로 확인하고, 적절한 경험을 제공하여 그 가능성을 평가하는 것이야말로 리더를 키워내는 가장 합리적인 방법이라 할 것이다.

**11**

# 인재 유출,
# 꼭 나쁘기만 한 것일까?

인재 유출의 학습 효과

기업 고유의 역량을 갖추고 높은 부가가치를 창출
해내는 인재는 반드시 장기 고용해야 한다.
				-데이브 레팍, 스콧 스넬

내부 노동자와 외부 노동자를 가르는 경계는 이미
허물어졌다.
						-오를리 로벨

# 일상용어가 된 인재 날치기

자신을 "나는 인재 날치기다(I'm a people snatcher)."라고 드러내 놓고 소개하는 사람이 있다. 싱가포르의 바이오 연구개발센터를 야심차게 이끌었던 필립 여(Philip Yeo)이다. 미국 국립 암연구소의 최고 석학인 에디슨 리우(Edison Liu)를 포함하여 세계 최고의 인재들을 얼마나 많이 끌어들였던지 심지어는 연쇄 납치범이라 불리기까지 했다.[1]

기업 사냥꾼을 의미하는 벌처 자본가(vulture capitalist)란 말은 인사에서도 사용된다. 유망한 벤처를 뒤지다가 발견하는 즉시 투자하는 벤처 자본가들과 같이, 어느 곳에서든 유능한 사람이 눈에 들어오면 독수리(vulture)처럼 무자비하게 가로채는 사람을 가리키는 말이다.[2]

인재 인수(aqui-hire)라는 말은 이제 일상용어가 되었다. 유망한 스타트업을 발견한 대기업이 그 회사의 제품이 얼마나 좋은지, 자산 가치는 얼마인지를 따지기보다는 거기에서 일하는 인재들을 몽땅 데려올 욕심에 회사를 인수하는 것을 말한다. 야후가 경영에 어려움을 겪을 때 구원투수로 영입한 구글 출신의 마리사 메이어(Marissa Mayer)가 취임 후 곧바로 착수한 일도 인재 인수였다. 2013년 1/4분기에만 무려 5개 벤처를 1,600만 달러에 인수했는데, 대부분 모바일 사업 강화에 필요한 인재를 확보하기 위한 조치였다고 한다.[3]

## 핵심 인재는 장기 고용해야 한다

이렇듯 인재를 확보하기 위한 전쟁이 갈수록 치열해지고 있다. 전쟁에서의 패배가 곧 죽음이듯이 인재를 얻는 데 실패한 기업은 생존을 위협받는다. 기술이 급속도로 발전하면서 대부분 산업에서 제품과 기술의 수명 주기가 매우 짧아지고 있다. 이런 세상에서는 누구나 특정 기술이나 지식에 쉽게 접근할 수 있어 눈 깜짝할 사이에 유사한 제품과 복제품이 만들어진다. 이 때문에 리처드 다베니(Richard D'Aveni) 같은 학자는 회사의 경쟁력 있는 제품과 서비스가 남들에게 모방되거나 정복될 경우 그것은 더 이상 경쟁 우위를 갖지 못할 뿐만 아니라 오히려 회사에 큰 부담을 주는 비용으로 전락한다고 말하기까지 했다.[4] 살길은 오직 남보다 한 발

앞서 새로운 제품을 내놓는 것인데 이를 위해서는 혁신적이고 창의적인 아이디어와 이를 구현해낼 수 있는 사람이 절대적으로 필요하다. 이러니 이곳저곳에서 최고의 인재들을 데려오기 위한 전쟁이 펼쳐질 수밖에 없다.

인재 전쟁이 치열해지면서 회사로서는 우수한 인재, 소위 핵심 인재로 분류되는 사람들을 확보하는 것뿐 아니라 이들을 잘 붙잡아두는 것이 중요한 과제가 되었다. 사람이 창출하는 지식이 중요해지고 사람이 가진 역량이 기업 경쟁력의 원천이 된다는 것을 인식하면서 사람이 곧 자본이라는 자원 준거 관점(resource-based view) 이론까지 등장했다. 대표적인 것이 세계적인 학자인 데이브 레팍과 스콧 스넬이 제시한 인적 자본의 특징과 고용 관계에 대한 이론이다.[5]

이 이론에 따르면, 직원은 부가가치 창출에 기여하는 정도, 자기 회사에만 있는 특유의 고유 역량을 보유한 정도에 따라 다양

**데이브 레팍(Dave P. Lepak)과 스콧 스넬(Scott. A. Snell)**
전략적 인사 관리 분야의 저명한 학자들로 데이브 레팍은 현재 러트거스 대학교의 석좌교수이며, 《아카데미 매니지먼트 저널(Academy of Management Journal)》 등 다수의 세계적 경영학 저널에서 편집위원으로 활동하고 있다. 스콧 스넬은 버지니아 대학교 다든 비즈니스 스쿨 교수이다.

한 유형으로 분류된다. 특히 다른 기업이 모방하기 어려운 고유 역량을 갖추고, 동시에 높은 부가가치를 창출해내는 인재는 회사의 핵심 자본이므로 반드시 장기 고용이 필요하다. 이들 핵심 인재가 회사를 떠나면 그들이 갖고 있던 역량도 유출되고, 이에 의존하던 회사의 역량도 빠르게 손실되므로 회사는 이들이 오랫동안 떠나지 않도록 최선을 다해 관리해야 한다.

●      ## 실리콘밸리와 루트128의 차이는
## 인재 이동의 역동성

그런데 아이러니하게도 기업들이 인재 확보에 열을 올릴수록 유능한 인재들의 이직 기회는 증가한다. 핵심 인재일수록 한 직장에서 3~4년 넘게 일하려 하지 않는다. 자기를 더 알아주고 마음껏 실력을 발휘할 수 있게 해주겠다면서 접근하는 회사들이 많기 때문이다.

인재 영입 전쟁이 치열할수록 인재 유출 가능성도 커진다면 어떻게 대응해야 할까? 자원 준거 관점 이론에서처럼 그럴수록 더욱 제대로 붙잡아두기 위해 공을 들여야 할까? 최근 이런 생각에 반대하는 주장, 즉 인재 유출은 유익한 것이라는 주장을 펼치는 사람이 등장했다. 2013년 출간된 《인재 쇼크(Talent Wants to be Free: Why We Should Learn to Love Leaks, Raids, and Free Riding)》의

오를리 로벨(Orly Lobel)
현재 샌디에이고 대학교 법학과 교수. 법학뿐 아니라 경제학, 심리학, 경영학, 사회학에 걸친 통찰력 있는 연구로 주목받고 있다. 2013년 《더 마커 매거진(The Marker Magazine)》에서 '세계에서 가장 명석한 학자 50인'에 선정되었다.

저자 오를리 로벨이다.

오를리 로벨은 자신의 주장을 뒷받침하기 위해 캘리포니아 주의 실리콘밸리와 매사추세츠 주의 루트128을 비교한다. 모두 첨단 기술의 중심지로 유명한 이들 지역은 미국 최고의 대학들, 그러니까 실리콘밸리는 스탠퍼드 대학교와 버클리 대학교, 루트128은 하버드 대학교와 MIT에서 최고의 인재를 제공받는다. 루트128은 실리콘밸리와 비슷한 입지에다 3배 이상 일자리가 많은 유력한 첨단 기술 지역으로 시작했다. 하지만 지역과 기업의 성장률 면에서는 실리콘밸리가 루트128을 훨씬 앞선다. 실리콘밸리에 있는 기업의 종업원 수는 루트128을 압도하고 지역 성장률도 3배 이상 높다.

이러한 차이는 인재 이동의 역동성에서 그 원인을 찾을 수 있다. 루트128은 인재에 대해 비밀, 계층, 보호주의 문화를 유지하고 기업 간 종업원의 이동도 활발하지 않다. 반면, 실리콘밸리는 인적 교류가 활발하고 문화가 개방적이며 틀에 박힌 것을 싫어한다.

하버드 경영대학원의 리 플레밍(Lee Fleming) 교수는 두 지역의 발명가들이 대학과 기업들 속에서 어떻게 이동하며 교류하고 협력하는지를 보여주기 위해 네트워크 그림을 제시했다. 아래 그림을 보면, 왼쪽에 있는 실리콘밸리에서는 엄청나게 많은 인재들이 촘촘하고 거대한 인적 네트워크를 통해 활발히 교류하는 데 비해 오른쪽에 있는 루트128은 상대적으로 네트워크가 약하게 형성되어 있는 것을 알 수 있다. 결국 인재들의 활발한 이동과 교류가 창의적인 아이디어와 새로운 무언가를 더 많이 창출해낸다는 것을 보여주는 그림이다.[6]

**실리콘밸리와 루트128의 인적 네트워크 비교** ──────────

실리콘밸리                                  루트128

자료: Lee Fleming, Matt Marx (2006). "Managing Creativity in Small Worlds." *California Management Review*, 48(4), pp. 6-27.

# 인재 유출은 득(得)이다?

인재가 오랫동안 회사에 머물러 있기보다는 활발하게 이동하고 교류하는 것이 더 좋은 이유는 무엇일까? 바로 인재 유출의 학습 효과 때문이다. 예를 들면, 인재를 경쟁사에 빼앗긴 회사는 그를 영입한 회사의 특허를 열심히 조회하고 상대방의 사업에 대해 더 많이 분석하고 검토한다. 이런 과정을 통해 많은 지식과 기술을 습득하게 된다. 때로는 다른 회사로 이직한 직원을 경쟁사가 활용하기 전에, 그 직원이 발명한 기술이나 특허 등을 자세히 살펴서 쓸 만한 것을 찾아내기도 한다. 그 직원이 회사에 있을 때는 별다른 관심을 두지 않던 것인데도 말이다. 그 결과 회사의 제품과 기술 개발 성과가 높아질 수 있다.

심지어 이직을 자주 하는 창의적인 인재는 그렇지 않은 인재보다 전 직장에서 더 많은 아이디어를 가져온다. 이직이 많을수록 지식 유통이 활발해져 전반적으로 창의와 혁신이 활성화되는 것이다. 이런 점에서 보면 영국의 극작가 조지 버나드 쇼(George Bernard Show)가 한 말이 맞다. "당신도 사과 한 개가 있고 나도 한 개가 있어서 그것을 서로 교환한다면, 여전히 우리는 각자 사과 한 개씩을 갖게 된다. 그러나 당신도 아이디어 하나가 있고 나도 하나가 있어 이를 서로 교환한다면 우리는 아이디어를 두 개씩 갖게 된다."

결과적으로 인재를 유출한 회사가 얻는 이득이 인재를 영입한 회사가 얻는 이득과 크게 다르지 않다는 게 오를리 로벨의 주장이다.

## ● 인재 활용에 대한 또 다른 접근

자, 이쯤 되면 정말 고민이 아닐 수 없다. 도대체 어떻게 해야 하는가? 나갈 사람은 언제든지 나가도록 두어야 하는가, 아니면 그럴수록 핵심 인재를 붙잡아두려고 노력해야 하는가? 대개가 그렇듯이 이렇게 양자택일의 상황에서는 정답을 찾기가 쉽지 않다. 따라서 다른 접근이 필요하다. 앞에서도 언급했듯이 지금처럼 제품과 기술의 생명 주기가 짧고 창의적 아이디어가 끊임없이 필요한 시점에서는 다른 관점을 가져야 한다. 인재를 붙잡아둘 것인가, 말 것인가라는 이분법적인 접근보다는 필요한 인재가 회사 안에 있든, 회사 밖에 있든 그를 제대로 활용할 수 있는 방법을 찾아내야 한다. 한마디로 인재 활용이 중요하다는 말이다.

### 인재 풀을 폭넓게 생각하라

첨단 분야뿐 아니라 대부분의 기업들은 이제 더 이상 혼자 힘으로는 제품이나 서비스를 개발할 수 없다. 차별화된 제품이나 기술을 내놓으려면 여러 분야의 지식과 기술을 결합해야 하는데 이를 위해서는 회사 외부에서도 힘을 빌려야 한다. P&G를 비롯하여 많은 기업들이 활용하는 오픈 이노베이션이 그러한 사례 중 하나이다. 회사는 자신들이 보유하고 있는 핵심 기술이나 특허 정보를 대학이나 외부 연구소, 또는 외부 전문가에게 제공하고, 회사가 원하는 제품과 기술 개발에 외부 전문가를 참여하게 함으로써 활용할 수 있는 인력 풀을 확대한다.

이때 중요한 역할을 하는 전문 인력 중 하나가 아이디어 정찰자(idea scout)다. 이들은 회사 문 앞에서 지식과 기술의 흐름을 파악하고, 그것이 사업에 얼마나 도움이 되는지를 알아내고, 필요한 경우 내부와 외부 전문가들을 연결한다. 소위 지식과 기술이 유통되는 최전선에서 첨병 역할을 하는 사람들이다. 역량 있는 아이디어 정찰자일수록 대학, 연구소, 외부 전문가들과 강력한 인적 네트워크를 형성하고 있으며 그들 속에서 중심 역할을 수행한다. 역량 있는 아이디어 정찰자 하나를 잘 확보해놓으면 기업은 그를 통해 수많은 인재 풀을 활용하는 효과를 얻을 수 있다.

**아이디어 연결자를 내부에 두라**

외부 인재 풀을 많이 보유하고 있다고 해서 그것이 언제나 잘 활용되는 것은 아니다. 이들을 회사 내부의 관련 전문가에게 연결하는, 소위 내부 인적 네트워크에서 연결고리와 허브 역할을 하는 사람이 있어야 한다. 이들을 아이디어 연결자(idea connector)라고 한다. 아이디어 연결자는 회사 내부에 전문가 인맥을 갖추고 아이디어 정찰자와 연결해주는 역할을 한다. 한 소프트웨어 회사의 기술자는 선진 음성 인식 기술의 존재를 누구보다 먼저 발견했지만 회사 내 관련 전문가에게 그 정보를 제대로 전달할 수 없었다. 그 사이 경쟁업체가 먼저 뛰어난 제품을 내놓았고, 결국 중요한 고객을 빼앗기는 쓰라린 경험을 했다. 반면, 다른 회사는 초음파 신기술을 외부로부터 제대로 포착하여 이를 아이디어 연결자에게 전해주었고, 아이디어 연결자는 신기술을 회사의 관련 전문가에게 연결하여 새로운 특허를 내는 성과를 이루기도 했다. 아래 그림에서는 헬렌이 바로 그런 역할을 한다.[7]

앞에서 소개한 마리사 메이어도 구글 부사장 시절엔 탁월한 아이디어 연결자로 평가받은 사람이다. 장래성 있는 아이디어를 아

**아이디어 정찰자와 아이디어 연결자**

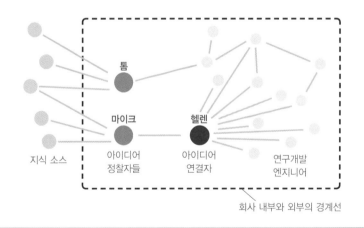

자료: E. Whelan, S. Parise, J. Valk & R. Aalbers (2011), "Creating Employee Networks that Deliver Open Innovation", *Sloan Management Review*, 53(1), pp. 37-43.

이디어 정찰자가 들고 오면 그녀는 경영진인 래리 페이지(Larry page)와 세르게이 브린(Sergey Brin)을 포함한 회사 내 넓은 인맥을 통해 그 아이디어를 가장 혁신적인 제품으로 구현할 수 있는 사람에게 접근하여 일을 성사시키곤 했다. 지금은 서비스가 종료되었지만 한때 브라질과 인도에서 가장 많은 방문자를 확보했던 오르컷(orkut, 구글의 소셜 네크워킹 사이트)이나 구글 데스크톱 검색 서비스의 초기 개념들이 이런 과정을 거쳐 탄생했다.

## ● 충성심보다 몰입감을 중시하는 인재들

### 유연하게 인재를 활용하라

실리콘밸리의 기업들이 사업 개발을 위한 액셀러레이터 (accelerator)* 에서 인재를 활용하는 방법 중 하나가 회사 내에 미니 회사를 두는 것이다. 회사는 새로운 제품이나 기술 아이디어를 외부에서 공개 모집하고, 모집에 응한 제안자 중에 가능성이 있다고 판단되는 사람을 골라 고용 계약을 맺는데 때로는 팀 단위로 고용하기도 한다. 외부 시장에서 능력이 검증된 인재에게 회사가 먼저 제안을 하는 경우도 있다.

---

\* 창업 초기에 자금과 업무 공간을 지원하고 마케팅, 홍보, 전략 등을 멘토링하여 벤처 기업으로 성장시키는 역할을 하는 조직 또는 기관을 의미한다.

이 회사들을 운영하는 방식은 좀 독특하다. 우선 독립회사처럼 모든 자율권을 부여한다. 원한다면 명함도 따로 쓸 수 있고 심지어는 자체 CEO를 둘 수도 있다. 회사가 하는 일은 일정 기간을 주기로, 대개는 분기별로 제품이나 기술 개발의 진척 상황을 모니터링하여 필요한 자원을 제공하고 원할 경우 코칭을 하는 것이다. 계약 기간 내에 제품이나 기술 개발에 성공하면 그때 정식 직원으로 채용하여 관련 사업부에 소속시킨다. 목표했던 개발에 성공하지 못하면 그것으로 계약을 종료한다. 분할하는 것이 유리하다고 판단되면 일정한 지분을 제공한 후 분할하기도 한다.

### 성장과 인정 욕구를 채워줘라

기술을 선도하는 핵심 인재에게도 금전적 보상이나 승진과 같은 보상은 필요하다. 그러나 핵심 인재들은 계속해서 최고의 전문가로 성장할 수 있는 환경과 능력을 인정받는 것을 더욱 중요하게 여긴다. 이들은 또한 일반인이 달성하기 어려운 도전적인 직무를 선호한다. 실리콘밸리에서 자주 언급되는 말이 이를 잘 반영한다.

"여기 실리콘밸리 사람들은 회사보다는 기술과 직업에 대한 충성도가 훨씬 크다. 어떤 회사에 다니는가보다는 자기 분야에서 최고의 능력을 보여주는 것을 무엇보다 중요하게 생각한다."

적어도 실리콘밸리에서 온 핵심 인재라면 일을 수행하는 과정에서 부품처럼 일부만을 맡아 하는 것을 좋아하지 않는다. 프로젝트의 기획부터 제품을 시장에 내놓기까지의 모든 과정을 해보고 싶어 한다. 그래서 자기 분야와 관련된 시장과 전문가 집단에게 새로운 무언가를 만들어낸 사람이라고 평가받기를 원한다.

핵심 인재들은 충성심을 요구하거나 돈이나 승진으로 붙잡아 두려는 회사에 마음을 두지 않는다. 그보다는 자신의 일에 헌신하고 몰입할 수 있는 분위기와 세상에 없는 것을 만들 수 있는 기회를 제공하는 회사에 오래 머물고 싶어 한다.


## ● 인재는 가도 사회적 자본은 남는다

더 이상 인재를 한곳에 붙잡아 둘 수 없는 세상이다. 아무리 잘해주어도 인재는 언젠가 떠난다. 그럼에도 불구하고 계속 붙잡아 둘 수 있는 것이 있다. 바로 사회적 자본(social capital)[**]이다.

직원과 평소에 신뢰 관계를 잘 구축해서 사회적 자본을 축적해 놓으면 설령 이직을 한다 해도 그는 계속해서 회사에 중요한 자산으로 남는다. 그가 어디에 있든지 그가 가진 역량을 활용할 수 있는 것이다. 나아가 그 한 사람과 연결된 수많은 핵심 인재, 전문가 네트워크도 활용할 수 있다. 평소에 진정한 신뢰 관계를 구축하는 것이야말로 인재 전쟁의 마지막 무기라 하겠다.

---

[**] 구성원 간에 공유된 제도. 규범, 네트워크, 신뢰 등 사람들 사이의 협력을 가능하게 하는, 일체의 사회적 자산을 말한다. 이중 신뢰가 사회적 자본의 핵심이다

**12**

# 개인의 몫은
# 어디까지인가?

보상과 분배를 결정하는 상반된 철학

가장 빠른 주자에게 족쇄를 채우지 말고 최선을 다해 달리게 하라. 단, 우승은 그만의 것이 아니라 재능이 부족한 사람들과 함께 나누어야 한다는 점을 알려줘라.

—존 롤스

가난한 사람의 생활수준 향상을 위해 부유한 사람들이 N시간의 노동을 통해 얻은 소득을 세금으로 내는 것과 N시간 강제 노동하는 것은 무엇이 다른가?

—로버트 노직

## 회사의 보상에 불만을 품은 박 과장

2014년 가을, 직장인들의 공감을 크게 끌어낸 드라마 〈미생〉에는 비정규직인 주인공 장그래를 괴롭히는 상사로 박 과장이라는 인물이 등장한다. 과거 다른 영업 팀에서 일할 때 쉽지 않은 계약을 성사시켜 큰 성과를 냈던 그는 막상 자신에게 돌아온 보상이 너무 적다는 생각에 점차 회사에 불만을 품게 된다. "회사는 내 덕분에 많은 돈을 벌었는데, 나한테 돌아오는 건 뭐지? 그래봐야 난 월급쟁이일 뿐 아닌가?"

이런 생각에 빠진 그는 결국 거래 대상국에 친척 명의로 페이퍼컴퍼니를 세우고, 회사 이익을 횡령하기에 이른다. 직장 안에서 벌어지는 개인의 부정과 비리에 관한 이야기이긴 하지만, 생각해 볼 부분이 적지 않다. 회사가 큰 이익을 얻게 됐고 직원 개인이 거기에 상당한 기여를 했다. 그렇다면 그 성과에는 응당 개인의 몫도 포함되어야 하는 게 아닐까?

실제로 우리 주변에는 이런 사례가 적지 않다. 과거 휴대폰 한글 입력 시스템의 특허 소유권 때문에 회사와 개발자 간에 소송이 벌어진 사례는 유명하다. 가까운 일본의 사례는 더 극단적이다. 2014년 노벨 물리학상을 수상한 나카무라 슈지(中村修二)는 1993년에 세계 최초로 청색 LED를 개발했다. 덕분에 회사는 연간 10억 달러가 넘는 매출을 올렸다. 그러나 이런 공로에도 불구하고 회사에서 그가 받은 보상은 고작 2만 엔의 포상금과 과장 승진이 전부였다. 이에 불만을 품고 슈지는 1999년에 퇴사하여 캘리포니아 대학교 산타바바라 캠퍼스의 교수로 자리를 옮긴다.

●          **개인의 몫은 어디까지인가**

회사는 성과에서 개인의 몫을 어디까지 인정해주어야 할 것인가? 또 개인 보상과 집단 보상의 수준을 어떻게 결정할 것인가? 이에 대한 답은 상황에 따라, 각각의 입장에 따라 다를 것이다. 현실을 보자면 최근의 한국 기업들은 "성과 있는 곳에 보상 있다"라는 원칙 아래 성과 기여도가 높은 개인에게 보상을 몰아주며 구성원 간 보상 격차를 점점 더 벌리는 추세다.

이번 장에서는 "공정한 보상과 분배는 무엇일까"라는 관점에서 하버드 대학교 교수 존 롤스와 같은 대학 교수 로버트 노직의 두 시선을 비교해보고자 한다.

롤스와 노직이 〈미생〉의 박 과장 이야기를 들었다면 각각 어떤 반응을 보였을까? 존 롤스는 아마도 박 과장의 성과는 충분히 인정하지만 그 몫은 다른 이들과 함께 나눠야 한다고 주장할 것이다. 왜냐하면, 그가 세운 공은 온전한 개인의 역량에만 기인한 게 아니었기 때문이다. 프로젝트가 성공했던 시점에 박 과장이 해당 팀에 속해 있었고, 과거에 배치되었던 익숙한 지역의 영업이었고, 회사의 인프라를 십분 이용했기 때문이다. 그리고 결정적인 역할을 하기는 했지만 다른 팀원들의 도움을 받았다는 것도 부인할 수 없는 사실이다. 롤스는 박 과장이 혼자 공을 독차지하고 회사로부터 엄청난 인센티브를 받는 것에 반대했을 가능성이 크다.

하지만 로버트 노직은 박 과장에게 더 많은 몫이 돌아가야 한다고 주장할 것이다. 다른 이들에게도 기회가 공정하게 주어졌고 절차적으로도 문제가 없었다면 공을 세우는 데 가장 크게 기여한 우수 성과자, 곧 박 과장에게 많은 몫이 돌아가야 한다고 주장할 가능성이 크다.

이는 롤스와 노직이 갖고 있는 소득 재분배에 대한 철학 및 관점이 다르기 때문이다. 회사의 보상 철학은 결국 사회에서의 소득 재분배 문제와 비슷하다고 볼 수 있다.

## ● 존 롤스: 결과의 재분배가 공정하다

존 롤스는 1971년에 《정의론》을 출간하면서 사회정의의 기본 원리들을 제시했다. 롤스가 말하는 정의로운 사회는 "개인의 자유와 우월성을 인정하면서 동시에 그 결과로 생기는 특권을 완화하기 위해 그들의 자원을 불행한 사람들의 처지를 개선하는 데 활용하는 사회"이다.[1] 개인의 차이는 인정하되, 그로 인한 결과 차이는 어느 정도 서로 나누자는 것인데 이는 현대 복지국가 제도 사상의 근간이기도 하다.

과거의 봉건사회는 출생이라는 우연을 기준으로 소득, 재산, 기회, 권력이 분배되는 사회였다. 영주의 아들은 영주의 아들이라는 이유로 고풍스러운 성의 주인이 되었고, 농노의 아들은 아버지가 농노라는 이유만으로 평생 밭을 갈며 살아야 했다.

---

**존 롤스(John Rawls)**

미국의 정치철학자. 하버드 대학교 철학과 교수를 지냈다. 사회정의에 대한 문제를 집중적으로 연구했으며 20세기 가장 위대한 정치철학자로 인정받고 있다. 저서로 《정의론(A Theory of Justice)》(1971), 《정치적 자유주의 (Political Liberalism)》(1993) 등이 있다.

자료: Harvard Gazette

---

그렇다면 현대사회는 어떨까? 귀족과 평민, 천민이라는 구분이 없으니 공정한 사회라고 말할 수 있을까? 물론, 과거와 달리 지금은 개인의 능력으로 성공을 거머쥘 수 있는 사회다. 하지만 주어지는 기회 자체가 타고난 환경에 의해 좌우될 가능성이 크기에 완전히 공정하다고 볼 수는 없다. 똑똑한 부모에게 우수한 유전자를 물려받고, 부유한 가정환경 덕분에 어려서부터 양질의 교육을 많이 받은 사람은 그렇지 않은 사람보다 성공한 인생을 살 확률이 높다.

실제로 순자산만 15억 달러인 스냅챗(Snapchat)의 젊은 창업자 에반 스피겔(Evan Spiegel)은 이러한 사실을 잘 인식했던 듯하다. "나는 젊은 백인이다. 교육까지 잘 받았다. 정말 운이 좋은 사람이다. 사실 삶은 공평하지 않다."라고 공개 행사장에서 발언하기도 했다.[2]

롤스는 바르고 공정한 원칙과 절차가 합의되었을 때만이 그 결과에 공정성을 부여할 수 있다고 말한다. 그런데 애초에 출발선이 다르다면 공정하다고 보기 어렵다. 같은 규칙으로 게임에 임하더라도 얼마만큼의 판돈을 가지고 있느냐는 승부에 큰 영향을 미친다.

물론 롤스가 재능 있는 사람을 끌어내리고 불이익을 주어 평등을 강제하자고 주장하는 것은 아니다. 그가 내놓은 대안은 재능 있는 사람에게 불이익을 주지 않으면서 재능과 소질의 불공정한 분배를 바로잡자는 것이다. 바로, 그 성공의 과실을 함께 나눔으로써 말이다. 롤스는 이렇게 말했다. "재능 있는 사람을 격려하여 그 재능을 개발하고 이용하게 하되, 그 재능으로 시장에서 거둬들인 대가는 공동체 전체에 돌아가게 해야 한다. 가장 빠른 주자에게 족쇄를 채우지 말고 최선을 다해 달리게 하라. 단, 우승은 그만의 것이 아니라 재능이 부족한 사람들과 함께 나누어야 한다는 점을 알려줘라."[3]

　'차등의 원칙'이라고 불리는 그의 주장에 따르면 사회적·경제적 불평등은 불리한 여건에 놓인 사람들에게도 이익이 돌아가는 경우에만 허용될 수 있으며(최소 극대화의 원리), 사회 활동의 기회가 모든 사람들에게 균등하게 주어질 때만 불평등이 정당화될 수 있다(기회 균등의 원리).

## ● 로버트 노직: 균등한 기회가 공정하다

　반면, 자유 지상주의자인 로버트 노직의 생각은 좀 다르다. 노직은 《무정부, 국가 그리고 유토피아》라는 책에서 롤스를 강하게 비판했다. 그에 따르면 《정의론》에서 주장하는 분배적 정의는 결국 부유한 사람들에게 부당한 세금을 부과함으로써 개인의 자유를 침해하는 것이다. 그는 이렇게 말한다. "근로 소득에 대한 과세는 강제 노동과 동등한 것이다. 일부 사람들은 이 주장이 명백한 진리라 생각한다. N시간 분의 소득을 취하는 것은 그 노동자로부터 N시간 분을 빼앗는 것과 같다. 이는 마치 그 사람으로 하여금

로버트 노직(Robert Nozick)
미국의 정치철학자. 자유 지상주의자로서 전통적인 자유주의를 정치
철학의 진지한 대안으로 격상시켰다는 평가를 받는다. 저서로 《무정
부, 국가 그리고 유토피아(Anarchy, State, and Utopia)》(1974) 등이 있다.

다른 사람을 위해 N시간 일하게 하는 것과 같다."4

노직은 분배의 원칙에 대한 논의 자체가 필요치 않다고 주장한
다. 모든 개인은 자신의 삶을 자율적으로 기획하고 이를 실현하기
위해 노력한다. 따라서 개인이 취득한 재화와 부가 정당한 노력의
대가라면 그것이 현저한 불평등처럼 보일지라도 정의를 위해 치
러야 할 대가일 뿐이다. 결과적으로 아무리 불평등하다 해도, 결
과의 정당성은 부의 취득 수단과 과정에 의해 결정되며, 부의 재
분배는 오히려 개인의 권한에 대한 간섭이자 사회정의에 대한 침
해일 뿐이라는 인식이다.

노직은 경제활동의 결과를 평가하기보다는 결과가 나온 과정
의 공정성을 더 중시해야 한다고 말했다. 기회의 균등이 결과의
균등보다 더 중요하다는 것이다. 정부는 모든 이들이 재능을 발휘
하여 성공할 수 있도록 기회의 균등을 보장해야 하고 이런 게임
의 규칙이 성립되고 나면 결과의 분배에 대해 관여할 이유가 없
다는 입장이다. 노직에 따르면 국가가 수행할 역할은 생산된 재화

를 재분배하는 복지 정책의 실현이 아니라 개인이 소유한 권리와 재산을 강도, 절도, 사기 등으로부터 보호하는 일종의 경찰 같은 것이다.

롤스가 정부의 적극적인 분배 정책을 지지한다면 노직에게 분배는 개인의 자유를 침해하는 월권인 셈이다. 결국 롤스가 분배의 정의를 통해 기존의 불평등한 사회관계를 최소화하고자 했다면, 노직은 양도할 수 없는 개인의 권리를 통해 사회적 불평등의 불가피성을 정당화했다고 할 수 있다. 이후 두 사람 사이에 전개된 자유와 평등에 관한 논쟁은 미국뿐 아니라 세계적으로도 사회철학 및 정치철학의 쟁점이 되었다.


## 10개의 라면 vs. 100명의 사람

다음은 어느 경제신문사의 입사 시험에 출제되었던 문제이다.

라면 10개가 있다. 그런데 사람은 100명이다. 어떻게 하면 이 100명은 라면 10개를 가장 정의롭게 나누어 먹을 수 있을까?

조건을 더하자면 라면 10개를 100사람이 한 젓가락씩 나누어 먹을 수는 없다. 한 사람이 하나의 라면을 온전히 가져가야 하는 게임이다. 여러분이라면 어떤 답을 제시하겠는가?

"가위바위보를 한다.", "제비뽑기를 한다.", "가장 약한 사람, 예를 들어 어린아이, 노인, 여자 순으로 순서를 정한다." 등 다양한 답변이 나올 수 있다.

신문사에서 원한 답은 무엇이었을까? 그것은 바로 '라면을 경매에 부치자'는 것이었다. 그 이유는 다음과 같다. 라면은 배고픈 사람이 먹을수록 효용이 크다. 따라서 가장 배고픈 10명에게 라면이 돌아가야 마땅하다. 하지만 자신이 가장 배가 고프다는 사실을 어떻게 증명할 수 있는가? 신문사의 논리는 라면에 지불하는 비용으로 자신의 배고픔을 증명할 수 있으며, 결국 가장 절실한 사람이 비싼 금액을 써내리라는 것이다.

롤스와 노직이라면 이러한 답변에 대해 어떻게 반응했을까? 지금까지의 내용을 충분히 이해한 독자라면 이들의 입장을 쉽게 추측할 수 있을 것이다. 아마도 노직은 신문사의 답변에 동의했을 것이다. 개인이 자유롭고 참여에 강제가 없다면 경매를 통해 자신의 절실함을 드러내는 데 문제가 없다고 볼 것이기 때문이다.

하지만 롤스는 신문사의 답변에 반대하지 않았을까? 라면 값으로 지불하는 금액은 개인의 '절실함'에 의해 좌우되기도 하지만 '얼마까지 써낼 수 있는가'는 결국 개인의 경제력에 달린 문제이기 때문이다. 누군가에게 라면 1개에 1만 원은 큰돈이지만, 다른 누군가에게는 없어도 그만인 돈일 수 있다. 이미 판돈에서 큰 차이가 있는 게임이라면 그 게임은 공정하다고 보기 어렵다는 게 롤스의 생각 아닐까?

# 공정한 분배의 조건은
# 기회균등과 투명한 절차

　여러분 회사의 평가 및 보상 철학은 어떤 관점을 취하고 있는가? 소수 고성과자에게 인센티브를 몰아주고 있는가? 아니면 다수의 직원들에게 골고루 나누어주고 있는가?

　경영진이 어떤 평가 및 보상 철학을 가지고 있느냐에 따라 직원들에게 주는 메시지는 상이할 것이다. 어떤 보상 제도는 핵심 고성과자를 유인하고 그가 회사에 오래 머물게 하는 데는 도움이 되겠지만, 다수의 일반 인력이 일에 대한 동기를 상실하고 그저 무의미한 하루를 보내게 만들 수도 있다. 반면, 직원들이 서로 협력하며 일할 수 있는 분위기를 만들려 하다 보면, 그 안에 무임승차자도 존재할 수밖에 없는 게 현실이다.

　보상의 분배 기준에는 정답이 없다. 기업이 처한 경쟁 환경과 업의 특성이 다르기 때문이다. 거기에 더해 최고 경영진의 가치관과 철학도 반영된다. 하지만 어떤 경우에도 다음과 같은 사실들은 반드시 고려되어야 할 것이다.

:: 우리 회사에서 정의하는 '성과'란 어떤 것인가?
:: 그 성과를 내기 위해서는 소수 핵심 인력의 기여가 절대적인가, 아니면 다수의 협력이 요구되는가?
:: 그에 상응하는 보상 원칙과 제도를 수립하여 시행하고 있는가?

이를 통해 구성원들에게 효과적인 동기 부여를 하고 있는가?

상반된 관점을 가지고 있기는 했지만 롤스와 노직 모두 사람들이 욕망과 선택에 민감하게 반응한다는 사실에는 의견을 같이했다. 다수의 인력이 함께 근무하는 회사에서는 그래서 공정한 분배가 더욱 중요하다. 분배는 조직 구성원들의 욕망과 선택을 결정하기 때문이다. 구성원들의 욕망과 선택이 어떻게 움직이느냐에 따라 조직 성과에도 차이가 나는 것은 자명하다.

롤스와 노직은 둘 다 공정성에는 '기회의 평등'과 '절차적 정의'가 중요하다는 사실을 강조했다. 어떻게 보상을 나눌 것인가 하는 문제에 대해서는 사람마다 각기 관점이 다를 수 있다. 다만 모두에게 공정한 기회가 주어졌고, 절차와 방법에 구성원들이 동의했다. 그리고 평가나 보상 결정의 과정을 절차적으로 공정하면서 투명하게 지켜볼 수 있었다면 그게 어떤 결과든 조직 구성원들은 받아들일 수 있지 않을까?

**13**

# 퇴직률은
# 진짜 낮을수록 좋은가?

인적 자본 관점과 비용 편익 관점에서
바라본 퇴직률의 양면성

퇴직은 기업에 손실을 끼친다. 개개인은 기업 특유
의 지식과 경험을 보유한 인적 자본이기 때문이다.

―마이라 스트로버

최적 퇴직률이 존재하지만 퇴직의 질을 반드시
살펴야 한다. 고성과자의 퇴직은 언제나 기업의
이익에 반하기 때문이다.

―마이클 에이벨슨

# 퇴직률, 무엇을 의미하나

퇴직률은 기업의 오래된 관심 주제 중 하나이다. 저성장 기조 장기화와 기업 실적 악화로 구조조정과 인력 감축에 대한 우려가 커지는 상황에서는 이에 대한 관심이 더욱 높을 수밖에 없다.

퇴직률은 기업뿐 아니라 국가 차원에서도 매우 중요한 지표다. 미국의 경제학자들은 퇴직률이 낮아지면 고용 시장이 경직된 것으로 판단하고, 퇴직률이 높아지면 고용 시장이 건강해지는 것으로 간주한다. 예를 들어, 미국의 2015년 1월의 퇴직률은 전년 대비 0.3퍼센트 상승한 2.0퍼센트를 기록하여 고용 시장이 점차 개선되고 있다는 시장의 평가를 받은 바 있다. 기업들이 일반적으로 퇴직률이 낮은 것을 좋게 보는 데 반해, 국가 차원에서는 높을수록 좋게 보는 것이다.

하지만 기업 입장에서도 정말 퇴직률이 낮을수록 좋은 걸까?

높은 퇴직률이 바람직하지 않은 것은 분명하지만 퇴직률이 낮을수록 좋은 것인지, 기업 성과를 극대화하기 위해 어느 정도의 퇴직률은 꼭 필요한 것인지에 대해서는 살펴볼 필요가 있겠다.

퇴직(quit)이란 조직 구성원이 자의 또는 타의에 의해 소속된 조직을 떠나는 것을 의미한다. 이는 고용 관계의 일시적 단절 또는 영구적 단절을 의미하는 것으로 구성원 자신에게는 물론 조직에도 큰 영향을 미친다. 한 개인의 퇴직은 남아 있는 조직 구성원의 사기와도 관련이 있기 때문에 조직의 성과에도 장기적으로 많은 영향을 줄 수 있다. 특히, 인력 구조조정으로 인한 비자발적인 퇴직의 경우 남아 있는 조직 구성원에게 미치는 부작용은 더욱 심각하다.

일반적으로 기업 내에서 높은 퇴직률은 중대한 비용으로 인식되어왔다. 자발적 퇴직률이 높다는 것은 우수 인재의 손실이 많음을 의미하고 이를 보충하기 위해 새로운 인력을 채용하고 양성하는 데 필요한 직접적인 비용과 기회비용을 증가시키기 때문이다. 또한 정리해고 등 강제적인 인력 감축은 단기적으로 인건비 절감 효과는 있을지 몰라도 조직의 안정성을 해쳐 장기적으로는 조직의 성과를 저해할 수도 있는 것으로 여겨졌다.

스스로 회사를 떠나는 '자발적 퇴직'의 원인은 무엇일까? 2015년 어니스트앤드영(Ernst & Young)이 발표한 바에 따르면 미국 내 주요 퇴직 원인[1]은 '보상 불만족'과 '승진 기회 부족'인 것으로 드러났다. 이는 임금 상승과 승진 기회를 도모할 수 있는 가장 큰 수단이 다른 직장으로의 이직이라는 것을 의미한다. 그 다음으로는 '과도한 업무량'이라는 응답이 많았는데 이는 '일과 삶의 균형(work-life balance)'을 추구하는 사람들이 많아지고 있다는 것을 의미한다. 그 다음으로 많이 나온 응답은 '동료 및 상사와의 갈등'으로 조사되었다. 한국에서는 '상사와의 갈등'이 퇴직의 가장 큰 원인이라고 발표된 조사 결과가 많다.

일반적으로 조직 구성원의 퇴직은 기업 성과에 부정적인 영향을 미친다는 것이 묵시적인 전제이나, 퇴직과 기업 성과의 관계를 연구한 자료들을 살펴보면 크게 두 가지 관점이 대립하고 있음을 알 수 있다. 첫 번째 관점은 앞에서 언급한 것처럼 퇴직이 기업 특유의 지식을 보유한 인적 자본의 손실을 유발하여 기업 성과의 하락을 가져온다는 주장이다. 두 번째 관점은 일정 정도의 퇴직률은 기업 입장에서 필요하고 또 기업 성과를 극대화한다는 주장이다.


## ● 인적 자본 관점: 퇴직률은 낮을수록 좋다

먼저 퇴직률은 낮을수록 좋다는 관점부터 살펴보겠다. 퇴직률이 낮다는 것은 전문 지식과 업무를 능숙하게 처리하는 우수 인재의 유출이 그만큼 적다는 의미이다. 많은 학자들이 이를 인적 자본 이론(human capital theory)으로 설명하고 있다. 미국의 경제학자이자 스탠퍼드 대학교 교육학과 교수인 마이라 스트로버는

**마이라 스트로버(Myra H. Strober)**

미국의 여성 경제학자이자 스탠퍼드 대학교 교육학과 교수. MIT에서 경제학 박사학위를 취득하고 주로 성(gender), 일과 삶의 균형(work-life balance) 관련 연구를 수행했다. 저서로 《경영에 여성을 끌어들여라(Bringing Women into Management)》(1975) 등이 있다.

"기업의 성과는 구성원 개개인으로부터 체화된 기업 특유의 지식, 기술 등의 축적에 의해 이루어진다."라고 주장했다.[2] 각각의 구성원이 보유한 지식과 기술은 기업 성과를 도출하는 가장 중요한 힘이기 때문에 퇴직률은 낮을수록 좋다는 것이다.

퇴직은 인적 자원의 손실뿐 아니라 조직 통제의 문제를 야기하고,[3] 높은 퇴직률은 조직이 기본적으로 수행해야 하는 생산 활동을 저해하며[4] 유형의 지식뿐 아니라 무형의 지식도 소실시킨다는 것이 이러한 주장의 근거이다.[5]

또한 구성원의 퇴직은 회사에 많은 직간접 비용을 야기한다. 신규 인력의 채용 비용을 비롯해 채용 후 훈련 비용, 신규 인력의 낮은 생산성에 대한 기회비용, 갑작스러운 퇴직으로 상실된 매출 비용, 남아 있는 구성원들의 고용 불안 및 사기 저하로 인한 비용 등 다양한 비용을 야기한다. 또 퇴직 인력을 대체하기 위한 비용은 직급이 높을수록, 그리고 우수 인재일수록 더욱 커진다.

이러한 관점은 앞에서 언급한 것처럼 퇴직이 기업 특유의 인적

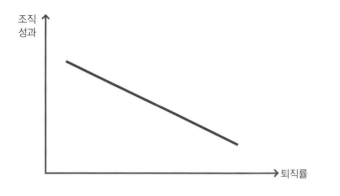

인적 자본 관점에서 본 퇴직률과 조직 성과

조직
성과

퇴직률

자본의 손실을 유발하여 일관되게 기업 성과의 하락을 가져올 것이라 예측하고 있다. 즉, 퇴직률이 낮을수록 조직의 성과가 좋아지고 퇴직률이 높을수록 조직의 성과가 악화된다는 주장이다.

## 비용 편익 관점: 일정 수준의 퇴직률은 유지하는 것이 좋다

다음은 일정 수준의 퇴직률은 기업 성과를 극대화한다고 보는 비용 편익 관점이다. 어느 정도 수준에 도달할 때까지는 퇴직률이 기업 성과에 긍정적인 영향을 주지만, 그 정점 이후의 과다한 퇴직률은 오히려 기업 성과에 악영향을 준다는 것이다. 이를 그래프로 표시하면 역U자 모양이 만들어지는데 앞에서 언급한 인적 자

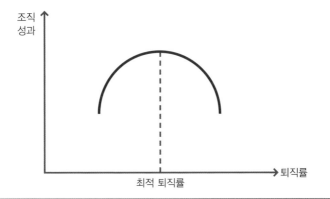

비용 편익 관점에서 본 **퇴직률과 조직 성과**

조직
성과

최적 퇴직률

퇴직률

본 관점의 반비례 그래프와 비교된다. 이는 모든 기업에는 적정 퇴직률이 존재한다는 관점으로, 퇴직과 조직 성과가 반비례한다는 인적 자본 관점에 대한 의문으로부터 발전되었다.

텍사스 A&M 대학교 경영학과 교수인 마이클 에이벨슨은 비용과 편익의 차이를 극대화하는 최적의 퇴직률이 존재한다고 주장하면서, '최적 퇴직 모델(optimal turnover model)'을 제시했다.[6] 댄 댈튼(Dan Dalton)과 윌리엄 토더(William Toder)도 유지 비용보다는 이직 비용이 덜 드는 시점이 존재하기 때문에 기업의 성과를 극대화하기 위해서는 어느 정도의 퇴직률이 유지되어야 한다고 주장했다.[7]

경제학의 비용 편익 관점에 따르면 퇴직률이 낮을 경우에는 퇴직으로 인한 비용 손실보다 유지 비용이 높고, 퇴직률이 높을 경우에는 유지 비용보다 퇴직으로 인한 비용 손실이 높다. 따라서 퇴직 비용과 유지 비용의 합이 최소가 되는 적정 수준에서 퇴직률을 관리할 때 기업의 성과가 극대화된다. 구성원의 퇴직 그 자체가 손실이라는 점은 인정하면서도 적정 수준의 퇴직률은 조직에 활력을 주며 오히려 성과를 향상시킨다는 점을 강조하는 것이다.

퇴직률이 너무 낮으면, 기술 정체 현상이 빚어지고 구성원들의 긴장감이 떨어져 시야가 좁아지고 자기계발에 소홀하게 된다. 반대로 퇴직률이 너무 높으면 기업의 생산 활동에 지장이 초래된다. 따라서 퇴직률을 일정 수준으로 유지하는 것이 조직에 활력을 불어넣고 유연성, 적응력을 높임으로써 오히려 기업 성과를 향상시킬 수 있다는 주장이다.

적정 퇴직률은 기업이 처한 상황에 따라 다르겠지만 2015년 삼성경제연구소가 실시한 15개 글로벌 선진 기업 벤치마킹 결과를 종합해봤을 때 약 5퍼센트 수준으로 파악된다.[*]

---

[*] 삼성경제연구소 인사조직실 평가혁신센터에서는 2015년 4월 미주 벤치마킹을 실시했다. GE, P&G, Microsoft, Amazon, Google 등 선진 기업뿐 아니라 Hay Group 등 글로벌 컨설팅 사의 본사 등 총 15개 기업 및 기관을 방문하여 성과 관리 트렌드, 고성과자 유지 방안 및 저성과자 관리 방안 등에 관해 조사하여 관련 수치를 도출했다.

'최적 퇴직 모델'은 기업은 높은 수준의 보상, 쾌적한 근무 환경, 높은 수준의 자율성 부여 등 구성원들의 퇴직 예방을 위해 노력해야 하지만, 퇴직 비용과 유지 비용 사이에서 균형점을 찾아야 한다는 점을 시사하고 있다.

## ● 기업들은 퇴직률을 어떻게 관리하고 있을까

기업들은 업의 특징과 노동 시장 및 경영 환경을 고려하여 조직 성과를 극대화할 수 있도록 퇴직률을 관리해야 한다. 높은 성과를 실현하기 위해 우수 인재의 유지 관리뿐 아니라 성과 부진자의 성과 개선 및 퇴직 관리도 병행해야 하는 것이다. 우수 성과자에게는 평균 성과자들과 차별되는 파격적인 보상 등을 제공하여 퇴직을 막고 더 높은 성과를 창출하도록 동기를 부여해야 한다. 성과 부진자에게는 퇴직을 고려하기에 앞서 직무 교육, 매니저를 통한 성과 관리 코칭 등 성과 개선을 직접 지원하거나, 직무 전환을 통해 다른 직종에서 성과를 발휘할 기회를 제공해야 한다.

기업 특유의 지식, 노하우에 전적으로 의존하는 기업일수록 퇴직으로 인한 타격은 매우 클 것이다. 실리콘밸리의 엔지니어, 유럽의 명품업체의 장인, 일본의 중소 장수 기업의 기술자뿐 아니라 일반 기업의 대체 불가능한 전문 기술을 보유한 인력에게 파격적인 보상과 근무 환경이 제공되는 것은 이런 이유 때문이다.

한편, 서비스 업종과 같이 구인난이 심각한 기업들도 퇴직률을 낮추기 위한 노력을 지속하고 있다. 맥도날드는 2015년 7월부터 직영 매장 직원 9만 명의 최저임금을 1달러 이상 인상하고 1년 이상 근속한 직원에 대해서는 5일간의 유급 휴가를 제공하겠다고 발표했으며, 스타벅스도 향후 10년 동안 2만 5,000명의 직원에게 대학 학자금을 지원하겠다고 발표했다.

이외에도 많은 기업들이 직원의 퇴직률을 낮추기 위해 다양한 노력을 기울이고 있다. IBM은 퇴직 가능성이 있는 인력의 리스트를 해당 매니저에게 미리 알려주는 시스템을 구축했다. 이는 빅데이터 분석을 통해 행동을 예측하는 기술을 도입했기에 가능한 일로, 이를 통해 매니저와 회사는 퇴직 조짐이 있는 직원을 사전 면담하고 세밀하게 관리하여 퇴직률을 낮추고 있다.

또한 구글, IBM 등 대다수의 글로벌 기업들은 퇴직자들을 대상으로 퇴직 서베이와 인터뷰(exit survey & interview)를 필수적으로 진행한다. 조직의 문제점을 가장 솔직하게 말해줄 수 있는 퇴직자들의 이야기야말로 구성원 유지에 도움을 주기 때문이다.

그렇다면 성과 부진자에 대해서는 어떤 관리가 이루어지고 있을까? 대다수의 선진 기업들은 PIP(Performance Improvement Plan)라는 성과 개선 프로그램을 활용하여 역량 향상의 기회를 제공한다. 하지만 이 과정을 이수한 후에도 성과 및 역량이 개선되지 않을 경우에는 능력에 맞는 적절한 직무로 전환시키거나 보직을 박탈하기도 한다. 직무 전환의 기회를 주는 것은 성과 부진의 원인이 개인의 능력 이상을 요구하는 직무를 수행했기 때문일 수도 있고, 해당 직무가 단순히 개인과 맞지 않아서일 수도 있기 때문이다. GE, P&G 같은 기업들은 성과 부진자를 상시적으로 내보낼 수 있는 노동법 환경에 따라 PIP를 수료한 후에도 성과가 부진한 인력에 대해서는 퇴출을 결정하기도 한다.

성과 부진자에 대한 퇴직 관리를 시행하기 전에는 반드시 장기적인 관점에서도 합당한 결정인지를 따져보아야 한다. 퇴직으로 인한 제반 비용을 고려했을 때 인력을 유지하는 것이 유리한지 그렇지 않은지를 반드시 검토해봐야 하는 것이다. 불가피하게 퇴직 관리를 해야 할 경우에는 반드시 부진한 성과의 근거를 확보해야 하고 충분한 패자 부활전의 기회가 제공되었음을 확인해야 한다.

부진 인력의 일자리를 계속해서 보전하는 것은 기업뿐 아니라 당사자에게도 도움이 되지 않는다. 기업 입장에서는 젊고 능력 있는 신규 인력을 확보할 기회를, 개인 입장에서는 본인의 능력과 적성에 맞는 직장에서 재기할 기회를 빼앗길 수 있기 때문이다. 기업은 PIP를 통한 패자 부활전 기회까지 상실한 인력들에게 적절한 대안을 제시할 의무가 있다. 전직 지원 서비스(outplacement service)를 제공하여 전직에 필요한 전 과정을 전폭적으로 지원해야 한다.

# 채용 관리만큼 중요한 퇴직 관리

  출구 관리라 할 수 있는 유지 및 퇴직 관리는 채용 관리만큼이나 중요하다.

  특히, 우수 인력의 퇴직을 막기 위한 유지 관리에 비해 부진 인력에 대한 체계적인 퇴직 관리는 미흡한 것이 현실이다. 부진 인력의 관리가 우수 인력의 관리만큼 중요한 이유는 부진 인력이 기업의 전략적 목표를 달성하는 데 부정적인 영향을 미치기 때문이다. 부진 인력은 본인의 실적 부진뿐 아니라 주변의 다른 구성원에게도 피해를 줄 수 있다. 부진 인력의 업무까지 떠맡은 우수 인력이 업무 과부하로 인해 직무 불만족을 느끼고 심하면 조직 이탈까지 감행할 수 있기 때문이다. 더욱이, 부진 인력이 관리자급이라면 구성원의 성과 관리를 잘못된 방향으로 지도하여 또 다른 성과 부진자를 양산시키는 등의 피해도 야기할 수 있다. 그러므로 성과 부진자의 판별(평가), PIP를 통한 성과 개선 기회 제공, 전직 지원 제도에 이르는 체계화된 퇴직 관리 체계의 구축 및 운영이 필요하다.

  지금까지 우리는 퇴직률의 두 가지 면에 대해 살펴보았다. 우수 인력의 퇴직을 막기 위해서는 차별적 보상, 쾌적한 근무 여건, 높은 수준의 자율성 등 다양한 유인책을 사용해야 한다. 동시에 부진 인력에게는 성과 향상의 기회를 주고 그 기회를 살리지 못한 인력에게는 다른 직무나 조직에서 일할 수 있도록 또 다른 기회를 제공해야 한다. 이때 불가피하게 퇴출이 결정된 대상에게는 다른 직장을 구하는 데 필요한 전직 서비스를 지원해야 한다.

또한 퇴직의 유형과 퇴직자의 속성에 주목해야 한다. 우수 인재의 퇴직률이 높지는 않은지, 신규 사업에 투입할 특정 직무 인력들의 퇴직률이 높지는 않은지, 신입 사원의 퇴직률이 높지는 않은지 등을 살펴보아야 한다. 장기적으로는 글로벌 선진 기업들이 도입하기 시작한 'HR 데이터 분석(HR Analytics)' 등 빅데이터를 활용한 인재 유지 방안도 고려해볼 필요가 있다.

**14**

# 고용 안정은
# '잘못된 친절'인가?

## 구조조정과 고용 안정의 딜레마

변하지 않으면 안 될 상황에 처하기 전에 먼저 변하라.

−잭 웰치

기업의 경쟁력은 상품이나 서비스 자체가 아니라
궁극적으로 사람에게서 나온다.

−제프리 페퍼

## 고용 안정을 둘러싼 동상이몽

사람들은 새로운 직장을 선택할 때 무엇을 가장 중요하게 생각할까? 보다 많은 보상을 원하는 사람도 있을 것이고, 발전과 성장을 중시하는 사람도 있을 것이며, 안정을 가장 중요하게 생각하는 사람도 있을 것이다. 최근《월스트리트저널(Wall Street Journal)》[1]의 기사를 보면 고용주와 직원들 사이에도 시각차가 있음을 확인할 수 있다.

직원들은 연봉 다음으로 고용 안정성을 중요하게 생각하는 반면, 정작 이들을 고용하는 회사는 직원들이 고용 안정성보다 경력 개발 기회를 가장 중요하게 생각할 것이라고 답했다. 이는 회사를 선택할 때 직원들은 높은 연봉을 원하는 만큼이나 그 직장에서 장기적으로 일할 수 있는지를 보는 반면, 회사는 고용 안정보다는 경력 개발 지원에 무게를 두는 입장임을 나타낸다고 할 수 있다.

이러한 '동상이몽(同床異夢)'은 최고의 경영자와 최고의 석학 사이에서 벌어진 치열한 갑론을박에서도 확인된다. 한 명은 경제 전문지《포천》이 '100년간 최고의 경영자'로 뽑은 성공한 기업가 잭 웰치이고 다른 한 명은 30여 년간 120여 편의 논문과, 13권의 경영학 서적을 저술했으며, 인사 분야의 구루로 추앙받는 스탠퍼드 경영대학원의 제프리 페퍼 교수다. 두 사람은 모두 자신의 영역에서 가히 최고의 자리에 오른 사람들로 이들이 고용 안정이라는 주제를 놓고 벌인 논쟁은 성공한 기업가와 경영학자 간에 벌어진 이종 격투기라 할 만하다.

잭 웰치는 한때 글로벌 기업 GE의 수장으로 20년간 기업 가치를 30배 이상 키운 전설적인 경영자다. 전성기 시절, 그는 워크아웃, 식스시그마 등 자신만의 경영 기법을 도입했고 이는 '잭 웰치식 경영 기법'이라는 타이틀을 달고 전 세계에 유행처럼 번졌다. 제프리 페퍼는 스탠퍼드 경영대학원의 교수로서 1981년부터 2004년까지 권위 있는 학술지 등에 1,292번이나 이름이 인용된 석학으로 경영학, 특히 인사 영역의 구루로 인정받고 있다. 잭 웰치가 경영자들의 롤 모델이라면, 경영학 교수나 학생들에게 페퍼는 잭 웰치를 능가하는 롤 모델이라 하겠다.

고용 안정이라는 이슈가 민감한 만큼 두 사람 사이에 전개된 논쟁도 치열했다. 페퍼는 부진 인력 해고를 중시했던 잭 웰치의 경영 방식을 강하게 비난했고, 잭 웰치는 페퍼 교수의 비판에 대해 실제 경영 현장을 잘 모르고 하는 소리라고 폄하했다.

# ● 잭 웰치: 성장할 사람과 떠나야 할 사람을 구분하는 것이 인사의 핵심

1981년, 40대 중반에 GE 역사상 최연소 회장이라는 수식어를 달고 취임한 잭 웰치는 취임 연설에서 위기를 헤쳐 나가려면 조직은 스피드보트로 변해야 하고, 이를 위해 새로운 제도를 만들어야 하며, 그 제도 위에서 빠르게 뛰어다닐 새로운 인재가 필요하다고 주장했다. 이후 그는 권위주의를 타파하고 조직 스피드를 키우기 위해 끝없는 리스트럭처링(사업 구조조정)을 단행했고, 변화를 주도할 핵심 인재 확보, 세계화, 서비스 중시, 식스시그마, e-비즈니스와 같은 GE의 이니셔티브를 추진했다.

잭 웰치는 취임 후 GE의 각 사업부 중 업계 최고가 아닌 부문을 골라서 "만약 이 사업을 하고 있지 않았다면 지금 이 사업에 진출할 것인가?"라는 질문을 던진 뒤 그 답이 "No"인 경우 과감하게 구조조정을 단행했다. 동시에 인력 구조조정도 진행했는데 보도에 따르면 그가 취임한 후 GE의 전체 직원 40만 명 중 27퍼센트에 해당하는 11만 2,000명이 회사를 떠났다고 한다. 대규모 정리해고를 통해 관료주의 타파, 관리자와 직원 간 불필요한 단계 축소, 직원 책임의식 강화라는 소기의 성과도 얻었으나 구조조정을 통해 당시 기업과 사회에 미친 파격적인 영향 때문에 '중성자탄 잭(Neutron Jack)'이라는 별명을 얻게 되었다.

그러나 이런 대규모 구조조정을 단행하는 가운데서도 그에게는 자신만의 인사 철학이 있었다. 그는 늘 리더의 임무는 직원의 가치를 높이는 것이라고 강조했다. 직원들이 자신이 생각지도 못했던 일에 도전하고 성취함으로써 스스로의 가능성에 눈을 뜨게 하고, 이들의 능력과 목표를 잘 관리하여 최고의 팀을 만들어주는 것이 중요하다는 것이다. 이를 위해 그는 매년 실적이 낮은 이들을 파악해서 코치하고, 코치를 받고도 개선되지 않으면 30세가 되기 전에 퇴사시켜야 팀도 살고 개인도 다른 기업에서 자신에게 맞는 일을 찾을 수 있다고 주장했다.

잭 웰치의 인사 철학은 명확했다. 그는 불평등하고 불성실한, 말하자면 형식적인 인사 평가를 가장 싫어했다. 성과를 공정하게 평가하고, 부족한 점을 지속적으로 개선하며, 리더로 성장할 사람과 떠나야 할 사람을 구분하는 것을 인사 관리의 핵심으로 여겼다. GE는 직원을 A, B, C 세 등급으로 나누어 A등급을 받은 인재에게는 업계 최고의 대우를 해주었고, B등급을 받은 사람에게는

A등급으로 성장할 수 있도록 교육과 직무 기회를 제공했다. 그리고 C등급을 받은 하위 10퍼센트는 퇴출 대상으로 보았다.

잭 웰치가 취임하기 전 40만 명의 직원으로 250억 달러의 매출을 올리던 GE는 그의 인사 철학이 적용된 후 30만 명의 직원으로 1,300억 달러의 매출을 올리는 초일류 기업으로 성장했다. 그렇다고 그의 구조조정이 가혹하게만 진행된 것은 아니었다. GE는 구조조정 대상자들에게 후한 퇴직금을 지급했고, 다른 직장을 찾을 수 있도록 시간과 지원을 제공했다. 무엇보다 그는 하위 10퍼센트 등급을 받은 사람들이 회사에서 전전긍긍하기보다 다른 직장에서 새로운 기회를 찾도록 했다는 점에서 자신의 조치가 합리적이고 긍정적이었다고 주장했다.

## 제프리 페퍼: 고용 안정에서 기업의 경쟁력이 나온다

이와 반대로 스탠퍼드 경영대학원 교수이자 조직 행동론 및 리더십 분야의 최고 석학인 제프리 페퍼는 기업은 조직 내 인적 자원의 잠재력을 극대화하여 이를 통해 경쟁 우위를 확보해야 한다고 주장했다.

그는 끊임없이 변화하는 기업 환경 및 기술 환경에 적응하기 위해서는 그 어떤 구성 요소보다 사람으로부터 나오는 경쟁력이 중요하다고 보았다. 이를 위해 조직의 리더는 강한 힘으로 직원들을 통제하는 의사 결정권자가 아닌, 직원들의 잠재력을 끌어올릴 수 있는 인자한 선생님이 되어야 한다고 강조했다.

　최근 진행된 한국 언론사와의 인터뷰[2]에서는 많은 기업들이 "기업은 사람과 함께 존재한다."라는 기본 명제를 망각하고 있다고 염려했다. 기업들이 직원들의 신체적·정신적 건강을 걱정하지 않고 생산성과 이익에만 몰두하고 있으며, 이 때문에 많은 직장인들이 스트레스나 질병에 시달리고 있음을 지적한 것이다. 한국 기업에 근무하는 직장인들의 과로사 뉴스를 접한 페퍼 교수는 기업의 지속 가능성을 위해 직원들의 복지와 지속 가능성이 간과되고 있는 것은 아닌지 우려하기도 했다.

　이런 그의 눈에, 성과에 따라 등급을 나누고 성과 극대화에만 몰두하는 것처럼 보이는 잭 웰치가 어떻게 비쳤을까? 사실 잭 웰치의 경영 방식은 그 당시 하나의 트렌드이자 유행처럼 기업들에게 큰 영향을 미쳤다. 너도 나도 "잭 웰치가 했으니, 우리도 하자.", "잭 웰치가 성공했으니, (그 방법을 쓰면) 우리도 성공할 것이다."라며 잭 웰치의 방식을 따라 하기에 급급했다. 그러나 페퍼는 그러한 세태를 비판하며 잭 웰치라는 우상을 깨뜨리고자 했다. 그는 학자뿐 아니라 경영자들에게 데이터 자체가 말하는 것을 중시하고, 엄격하게 사고하도록 요구했다. 2006년에 출간한 《증거 경영 (Hard Facts)》이라는 저서에서는 경영자들에게 유행을 좇지 말고 오직 데이터가 말하는 사실을 믿으라고 당부하며 소위 반쪽짜리

진실이 가장 위험하다고 경고하기도 했다. 그러면서 당대 경영의 귀재 잭 웰치를 비판하여 'Mr. 쓴소리'라는 별명을 얻기도 했다.

잭 웰치의 강제 배분 평가 방식(forced ranking system, 직원을 상중하로 평가하여 하위 10퍼센트를 내보내는 방식)에 대해서는 "그 방법이 효과적이라는 것을 입증하는 어떤 체계적인 연구도 발견하지 못했다."라고 비판했다. 특히 고용 안정성에 관한 잭 웰치의 경영 방식에 의문을 제기하며, 구조조정은 직원들에게 장기적으로 악영향을 미친다고 주장했다. 우선 구조조정이 진행되고 나면, 임직원들은 관리자에게 겉으로는 충성하는 척하지만 속으로는 다른 생각을 한다는 것이다. 언제 정리될지 모른다는 불안감이 늘 내면에 자리하기 때문이다. 동료들과의 관계에서도 자신의 장점을 내놓고 협력을 도모하기보다, 상대방을 경쟁자로 인식하고 몸을 사리게 된다고 했다. 즉, 구조조정의 결과 사내 정치가 많아진다는 것이 페퍼의 주장이다.

물론 적당한 사내 정치는 조직의 경쟁력 강화에 도움이 된다는 주장도 있다. 글로벌 HR 컨설팅사인 콘 페리(Korn Ferry)는 조직 생활에서 적당한 수준의 사내 정치는 우수한 리더를 선정하는 데 상당히 중요한 요소라고 정의하면서 관리자들에게 필요한 역량 중 하나로 '조직 내 정치적 지식(political savvy)'을 꼽기도 했다. 직급이 낮을 때는 역량과 기술이 중요하지만 상위 직급으로 올라갈수록 조직 내 역학 관계나 정치적 문제까지 돌파할 수 있어야 하기 때문이다.

그러나 사내 정치가 상시적 구조조정이라는 극단적 상황과 맞물린다면 어떤 결과가 빚어질까? 정치적 갈등 해결을 넘어 정치 그 자체를 목적으로 삼고 조직 내 파벌을 형성하는 부작용이 초래될 것이다.

제프리 페퍼는 2011년《월스트리트저널》[3]을 통해 사내 정치에 대한 생각을 밝힌 적이 있다. 그는 사내 정치를 잘한다는 것은 자신의 이익을 위해 남을 밀어내거나 거짓말을 하는 것이 아니라, 유용한 정보와 지원을 제공할 수 있는 내외부 인사들과의 인맥을 구축하고 네트워킹을 잘하는 것이라고 정의했다. 하지만 지나친 경쟁과 토너먼트 환경에서는 올바른 사내 정치가 정착되기보다는 타인을 밀어내기 위한 정치가 만연할 것이라고 강조했다.

이렇게 조직원들의 상심이 깊고 사내 정치가 만연한 상황에서 다시 구조조정이 단행되면, 아이러니하게도 회사에 필요한 사람들이 나간다는 것이 페퍼의 지적이다. 시장 가치가 높은 인재들은 구조조정 이후에 나간 사람의 몫까지 업무가 가중될 것을 걱정하고, 자신의 역량을 발휘하는 일보다 어느 줄에 서는 것이 좋을지를 고민하게 될 것이며, 이 때문에 결국 이직을 고려하게 된다는 주장이다. 위기의식이 만연하면 인재는 미래지향적으로 생각하기보다는 눈앞의 실적과 성과, 정치에 집착하게 되어 조직의 장기적 성장과 창의적 성과를 저해한다고 본 것이다. 즉, 회사의 존폐가 달린 위기라면 어쩔 수 없지만 상시적인 구조조정은 조직에 지나친 위기의식을 초래한다는 것이 페퍼의 주장이다.

## 구조조정은 출구 전략으로 사용될 때 유효

모든 리더들은 구조조정과 고용 안정이라는 문제를 놓고 늘 고민한다. 잭 웰치와 제프리 페퍼의 주장 중 어느 것이 정답이라고 단언하기는 어렵다. 아마도 각자가 처한 환경에 따라 기업의 선택도 달라질 것이다. 회사가 당장 생존의 기로에서 살아남기 위해 힘을 다하는 상황이라면 회생을 위한 구조조정에 손을 들어줄 것이고, 어느 정도 안정기에 접어든 기업이라면 장기적 고용 관계를 통해 전문성과 조직 안정감을 높여 경쟁 우위를 점하고 싶을 것이다.

극명하게 상반된 주장이지만 이 두 사람의 주장에는 모두 배울 점이 있다. 먼저 GE를 떠나는 것이 실패가 아니라 새로운 시작이라고 말한 잭 웰치의 주장이다. 잭 웰치는 GE에 맞지 않는 사람들은 조직 내에서 힘들어하게 두기보다는 떠나야 하는 이유를 명확히 제시하고 새로운 길을 찾게 하는 것이 낫다고 보았다. 이를 위해 그는 전직 지원, 창업 비용 지원 등 떠나는 직원들의 새로운 시작을 위해 지원을 아끼지 않았다.

잭 웰치는 성장이 정체된 기업이 고용 안정을 유지하는 것은 '잘못된 친절'이라고 주장했다. 구조조정, 사업 매각 등이 잔인해 보일 수는 있지만 끊임없이 1등을 하기 위해 전력투구하는 GE의 철학과 맞지 않을 경우 그들의 눈높이에서 새롭게 경쟁하고 동기를 부여받는 것이 올바른 선택이라는 것이다.

페퍼의 주장에서 배울 점은 무조건 유행을 따르는 경영은 지양하라는 것이다. 남이 해서 성공했으니 우리도 해보자는 식의 경영은 기업의 운명을 남의 손에 맡기는 도박과 같다. 모든 기업에는 각자의 상황과 나름의 처지가 있으며, 같은 업이라도 구성원 개개인의 특징이 다르면 동일한 제도를 적용하기 어렵다. 기업이 위기를 극복하고 지속 성장하기 위해서는 자신의 체질에 가장 잘 맞는 모델을 끊임없이 찾고 연구해야 한다.

구조조정과 고용 안정은 서로 만날 수 없는 대척점에 있는 듯 보이지만 성공한 기업들의 사례를 보면 늘 두 가지가 공존하고 있었다. 글로벌 경제위기가 있었던 2009년, 인사의 가장 큰 고민은 '구조조정기의 핵심 인재 유지'[4]였다. 많은 기업들이 구조조정 시 핵심 인재를 함께 잃는 시행착오를 경험했고 기업이 위기를 겪는 중에도 핵심 인재를 유지하고 안정시켜야 하는 HR의 역할을 인식했다. 따라서 기업들은 이벤트성 충격 요법보다는 '출구 전략(exit strategy)'의 일환으로 구조조정을 정착시키면서 직원들과 공감대를 만들어 나가야 한다.

최근 GE는 30년간 유지해온 '10퍼센트 룰'을 폐기하는 방안을 검토하고 있다고 한다. 개성과 독창성을 중시하는 신세대를 똑같은 기준으로 상대평가하는 것이 더 이상 시대에 맞지 않다고 판단했기 때문이다. 향후 부서장과 목표 달성에 대해 더 많이 협의하고 수시로 점검 및 개선하는 개인별 평가 방식으로의 전환을 검토하는 중인데, 이는 페퍼 교수가 주장한 대화와 협의를 통해 구성원의 역량을 극대화하는 '리더의 역할'과 일맥상통한다.

이렇게 첨예한 의견 대립을 보였던 두 거장에게도 하나의 공통점이 있었다. 바로 인재의 중요성을 잘 알고 있었다는 점이다. 인재를 활용하고 육성하는 방법은 달랐을지 모르지만 인재를 소중히 여기고 기업의 가장 중요한 요소로 인식했다는 점만은 같았다.

고용 안정과 구조조정. 최근 급변하는 경영환경은 기업들이 이중 어느 하나만을 고를 수 없게 만들었다. 이 때문에 기업들로서는 한 가지 논리를 선택하기보다 각자의 환경에 가장 적합한 인재 관리 및 유지 방안을 지속적으로 고민하는 지혜가 필요하다.

**15**

# 신세대의 '다름'을
# 어떤 방식으로
# 받아들일 것인가?

광기의 허용과 비판적 수용

화가와 시인들의 기발한 착상은 광기의 완곡한 표
현이다.

−미셸 푸코

진정한 의사소통만이 구성원들의 자발적인 수용과
복종을 이끌어낼 수 있다.

−위르겐 하버마스

## 철학자의 눈으로 본 세대 갈등

    한 조직에는 근무 경력이 오래된 고참 인력과 직장 근무를 처음 시작하는 젊은 인력이 섞여 있다. 연령대 혹은 세대가 다른 인재들이 조직의 목표를 향하여 협력하거나 갈등하면서 업무를 수행한다. 그러나 경험과 인식의 차이만큼이나 그들의 가치관과 생활양식은 그 괴리가 클 수밖에 없다. 과거에 비해 변화의 속도가 빨라지면서 세대 간의 차이가 더욱 크게 체감되는 것도 사실이다. 이로 인해 직장 경력이 오래된 고참 직원들은 신입 사원들과 대화가 통하지 않는다고 불평하면서 의사소통의 어려움을 호소한다.

    기업이라는 조직에서 신세대와 기성세대가 조화를 이루기 위한 방법에는 어떤 것이 있을까? 특히, 변화와 혁신이 성장의 필수 조건이라 할 수 있는 기업의 입장에서는 신세대의 특성을 파악하고 수용하려는 노력이 필요하다.

철학 사조는 신세대를 이해하고, 그 이해를 바탕으로 그들과 소통하는 방법에 대한 실마리를 제공한다. '포스트모더니즘'의 맥락으로 신세대를 파악하는 시각이 대표적이다. 포스트모더니즘이란 모더니즘을 극복하려는 사조로, 비합리성을 옹호하고 절대적 권위를 용인하지 않는 태도를 보인다. 특히 모더니즘의 한계를 극복하려는 현대 철학의 핵심 주제에 대해 상이한 시각을 제시한 푸코와 하버마스의 논지는 신세대를 바라보는 데 있어 중요한 관점을 제시한다.

푸코는 서구적 근대성과 계몽을 역사적 맥락에서 파악하고, 그것이 지닌 한계를 드러내려 한 철학자다. 주어진 경계 안에 마련된 사고와 행위의 궤도를 수용하고 그대로 따라가는 것이 아니라, 그 경계의 제약을 벗어난 사고와 실천을 도모하고자 했다. 그는 개인을 일정한 구조에 배치하는 경계를 비판적으로 검토함으로써 개인이 자유로울 수 있는 영역을 모색했다.

반면, 하버마스는 역사적 맥락을 초월하여 근대적 이성을 보편적 문제 해결 방식으로 수용했다. 그는 의사소통 이론을 통해 근대적 이성을 비판적으로 재구성함으로써 보편성을 확장시키고자 했다.[1] 따라서 현대 사회에서 발생하는 모든 일탈은 합리적 의사소통을 통해 해결 가능하다는 이론 체계를 수립하여 어떠한 문제도 이성적으로 해결할 수 있음을 보여주었다.

푸코와 하버마스의 상이한 시각은 신세대를 보는 관점에서도 차이를 드러낸다. 미셸 푸코는 차이와 위반, 다르게 생각하는 자유를 주장한 반면, 하버마스는 의사소통과 이성에 대한 신뢰를 기반으로 하는 합리성을 강조했다. 이 장에서는 신세대의 광기와 무질서를 옹호한 미셸 푸코와 신세대의 비판적 시각을 합리적 의사소통을 통해 소식이 소화해야 한다고 믿은 위르겐 하버마스의 관점을 살펴보려고 한다.

●　　　　　　　　　　　　**미셸 푸코: 광기를 허하라!**

　미셸 푸코는 1926년 10월 15일 프랑스의 중서부에 자리한 푸아티에라는 도시에서 친할아버지, 외할아버지, 아버지가 모두 외과 의사를 지낸 집안 출신으로 태어났다. 그의 아버지는 푸코도

**미셸 푸코(Michel Foucault)**
프랑스의 철학자. 서양 문명의 정신적 토대인 합리적 이성을 비판하고, 비이성적 사고, 개성과 자율성을 옹호하는 포스트모더니즘 사조를 대표하는 사상가이다. 저서로 《광기의 역사(Folie et Déraison: Histoire de la Folie à l'âge Classique)》(1961), 《감시와 처벌(Surveiller et Punir: Naissance de la Prison)》(1975) 등이 있다.

자료: Exeter Centre for Advanced International Studies Research Priorities.

의학도가 되어 가업을 잇기 바랐지만 푸코는 권위주의에 대한 반감으로 아버지의 기대를 거부했다.[2] 당연한 것으로 받아들여지던 권위와 지배에 대한 푸코의 저항은 이렇듯 진로 문제를 놓고 촉발된 부친과의 갈등에서 시작되었다.

또한 젊은 시절 그는 동성애자임을 고민하면서 자살을 기도하기도 했고, 정신병원에 수용되어 광기 가득한 시절을 보내기도 했다. 푸코는 자신이 미쳤다는 사실에 괴로워하면서도, 이성의 범주에 비이성을 포함시킨 헤겔의 변증법을 연구하는 과정에서 자신이 미친 게 아니라 이 세상이 미친 것일 수도 있다는 생각을 하게 되었다. 변증법적 관점에서 보자면, 인간이 미치는 것은 필연이므로 미치지 않은 것도 또 다른 형태의 광기일 수 있다는 착상에 이르게 된 것이다. 이러한 배경을 바탕으로 그는 비합리적이고 비이성적인 광기가 보편적 현상이라는 점을 제시하기 위해 방대한 근거와 자료를 수집한다. 그 결과, 세기의 고전이 된 "광기와 정신착란: 고전 시대 광기의 역사"를 박사 학위 논문과 책으로 출간하게 된다.[*] 그는 역사적으로 사회에서 '뭔가 다른 행동', '뭔가 다른 언어'를 광기로 치부하고, 이들을 감금하고 억압해온 행태를 비판했다.

따라서 '뭔가 다른 행동과 언어'를 가진 신세대의 행동을 광기

---

[*] 푸코가 세계적인 사상가로 명성을 얻을 수 있게 해준 책으로 《광기의 역사》라는 제목으로 번역되었다.

로 간주하고, 이를 기존 체제로 편입시키려는 시도에 반대하면서 투쟁을 통해 저항하라고 제안했다. 세상 모든 신세대가 그의 말을 따른다면 조직 자체가 존립하기 어렵겠지만, 그럼에도 경영학자들과 실무자들이 푸코의 말에 주목할 필요가 있는 것은, 지금 기업에서 절실하게 필요로 하는 혁신과 창의가 바로 '뭔가 다른 것', 즉 광기에서 나오는 경우가 많기 때문이다.

## ● 상식을 뛰어넘는 아이디어가 세상을 바꾼다

대표적인 예로 스마트폰을 세상에 내놓은 스티브 잡스를 들 수 있다. 그는 광기에 대해, "다른 시각을 가진 트러블 메이커들이 있다. 보통 사람들은 그들을 용인할 수도 있고, 부정할 수도 있다. 그러나 그들이 하지 못하는 것이 있는데, 그것은 바로 트러블 메이커들을 바꾸는 것이다. 트러블 메이커들이야말로 이 세상을 바꾸고 인류를 진보시킬 것이다."라고 언급한 바 있다.[3] 잡스 자신도 대학 입학 후 한 학기 만에 학교를 중퇴했고, 게임 회사에 취업한 후 1년도 못 채우고 사표를 냈으며, 심지어 프로젝트 실패로 자신이 설립한 회사에서 쫓겨나기까지 한 트러블 메이커였다. 하지만 광기에 가까운 그의 집착은 스마트폰이라는 모바일 기기가 일상을 지배하는 새로운 세상을 열었다.

또 하나의 사례는 숙박 시설 공유 서비스 제공업체인 에어비앤비(Airbnb)다. 이 회사는 남들이 실패할 것이라고 말한 아이디어를 신세대의 도전적 마인드와 실행력을 기반으로 성공시켰다. 이 회사의 창업자인 조 게비아(Joe Gebbia)와 브라이언 체스키(Brian Chesky)는 명문 미술대학인 로드아일랜드 디자인 스쿨 출신인데, 2007년 숙박 시설 공유 서비스라는 사업 계획을 수립하여 지인들에게 자문을 구했다. 지인들은 사업의 성공 가능성을 반신반의했고, 부모님도 창업보다는 안정적인 취업을 권했다.

하지만 그들은 2008년 에어비앤비를 창업하여 체스키는 최고 경영자(CEO)를, 게비아는 최고 제품 책임자(CPO)를 맡았다. 창업 직후인 2009년만 해도 겨우 2만 달러를 유치해 도산 위기를 간신히 넘기고 15명의 직원을 힘겹게 유지할 정도로 영세했던 이 회사는 2015년 현재 직원 수가 500여 명에 이르고 세계 192개국에 50만 개의 숙소가 등록되어 있다고 한다. 회사 가치 또한 약 240억 달러(약 26조 원)에 이름으로써, 공유 경제를 주도하는 대표적 회사로 자리매김했다.

테슬라의 엘론 머스크도 기존의 상식을 뛰어넘는 파괴적인 행보로 유명하다. 그는 자사가 개발한 전기 자동차 관련 기술을 모두 공개하겠다고 천명하면서, 기술 공개가 결국 시장 규모를 키워 테슬라라는 기업의 궁극적인 성공을 가져올 것이라고 주장했다. 기술 개발 후 이를 특허로 보호하여 철저히 기술을 독점하려 하는 다른 기업과 비교하면 일종의 광기에 가까운 태도라고 할 수 있다. 나아가 그는 우주 택시 개발 계획이나 한 번 다녀오면 폐기

해야 하는 우주선을 재활용하겠다는 발상 등 기발한 아이디어를 연이어 내놓고 있다.

## 위르겐 하버마스: 광기의 현실적 수용

위르겐 하버마스는 이성의 잠재력과 새로운 가능성을 제시하려 한 합리주의자이다. 그는 1929년 6월 독일 뒤셀도르프에서 태어나 쾰른 근처 구머스바흐라는 작은 도시에서 어린 시절을 보냈다. 목사인 할아버지와 상공회의소 소장으로 재직한 아버지 밑에서 대체로 보수적인 정치 분위기 가운데 성장했다.

푸코의 학문이 권위주의적인 아버지와의 심리적 갈등에서 영향을 받았던 것처럼 하버마스의 지적 성장은 비정상적인 구강 구

**위르겐 하버마스(Jürgen Habermas)**
독일의 철학자이자 사회학자. 이성과 합리성에 기초한 비판적 의사소통 행위 이론을 창안했다. 저서로《후기 자본주의의 정당성 문제 (Legitimationsprobleme im Spatkapitalismus)》(1973),《의사소통 행위 이론(Theorie des Kommunikativen Handelns)》(1981) 등이 있다.

© Wolfram Huke

조와 무관하지 않다. 그는 입천장이 갈라져 정확한 발음을 하기 어려운 구개 파열이라는 기형을 가지고 태어났다.[4] 2004년 사상과 예술 부문에서 교토상(京都賞)[**]을 수상했을 당시 수상 기념 연설에서 신체적 결함이 자신의 사회사상 형성에 큰 영향을 미쳤음을 밝힌 바 있다.

태어나면서부터 기형적 구강 구조로 인해 주변 사람들과의 의사소통에서 상당한 곤란을 겪었던 그는 반복된 수술을 통해 인간이란 타인에게 의지해서 살아갈 수밖에 없는 존재임을 자각했다. 고통이 그를 인간의 본질에 대한 성찰로 이끌었던 것이다. 그리고 이러한 경험을 통해 하버마스는 의사소통에 대해 깊은 관심을 갖게 되었다.

하버마스가 주장하는 비판 이론과 의사소통 이론은 푸코와 마찬가지로 모더니즘의 합리와 절대적 권위를 공격하지만 그 목적이 다르다. 푸코는 모더니즘을 해체하고자 했지만, 하버마스는 모더니즘을 완성하고자 했다.

바꾸어 말하면 사람을 도구화·수단화하는 합리보다 사람의 가능성을 실현하는 합리, 무조건적인 권위보다는 모두가 합의하는 권위를 추구하자는 것이 하버마스의 주장이다. 하버마스는 독단적 권력보다는 생활 세계 내에서의 합리적 의사소통을 통해 사회질서가 유지될 수 있음을 강조했다. 사회를 통제하고 규율을 유지하는 데 필요한 법률도 단순한 법 제정과 집행의 투명성뿐 아니라, 공동체 구성원들이 합리적 의사소통을 통해 이끌어낸 합의를 반영할 때 확고한 정당성을 구축한다고 주장했다.

신세대에 대한 이해에 있어서도 하버마스는 신세대의 광기를 전적으로 받아들이는 입장이 아니라 현실적으로 수용하는 태도를 견지했다. 1960년대 후반 학생과 근로자가 주축이 되어 기존의 사회질서에 항거하는 대규모 사회 변혁 운동이 서구 사회 전반으로 확산될 당시, 하버마스는 1967년 6월 하노버에서 '대학과 민주주의'라는 주제로 열린 토론회에 참석하여 독일의 학생운동이 폭력적이며 혁명적 환상에 빠져 있다고 비판했다.[5]

그는 신세대들에게 먼저 과거의 질서를 '비판'할 능력을 갖추라고 촉구했다. 이는 기성세대의 전복이라는 혁명적 태도보다는 비판적 사유의 힘과 합리적 의사소통으로 세대 간의 갈등을 극복하자는 주장으로 이어졌다. 또 문제 해결을 위해 의사소통의 장을 열어 신세대와 구세대의 간극을 좁히고 갈등을 완화할 수 있도록 적극적인 참여를 권유했다. 신세대를 억지로 구세대에 동화시키려고 할 때 소통에 장애가 온다는 점을 지적하고, 모두가 평등한 조직 구성원으로서 열린 자세로 소통을 할 때 진정성 있는 커뮤니케이션이 이루어질 수 있다고 말했다. 비판과 소통이라는 두 개의 끈으로 조직은 신세대와 구세대를 하나로 엮을 수 있고 소외감이 해소된 공동체로 기능할 수 있다는 것이다.

하버마스의 견해를 개별 기업에 적용해보자면, 신세대를 일방적으로 구세대의 사고방식과 가치관으로 변화시키려 하기보다는 신세대와 구세대가 열린 대화를 통해 세대 차를 극복하고 조직에 긍정적인 효과를 창출하려는 노력이 필요하다고 하겠다.

## ● 소통 활성화로 세대 간 견해 차이를 해소하라

미국의 식품 회사인 오션 스프레이 크랜베리즈(Ocean Spray Cranberries Inc.)는 신세대로 구성된 '컬처 클럽(Culture Club)'이라는 위원회를 구성하고, 여기에서 발의된 구성원의 제안 사항을 반영하고자 노력하고 있다.

일례로, 신세대와 구세대가 근무시간 변경과 관련하여 보인 견해 차이를 해소하는 과정을 살펴보자. 이 회사는 매사추세츠 주의 주도인 보스턴 인근 레이크빌이라는 외곽 지역에 자리하고 있는데, 상당수의 젊은 직원들은 레이크빌에서 한 시간 거리에 있는 보스턴에서 출퇴근했다. 고참 인력은 가까운 전원 지역에 살면서 조기 출근과 조기 퇴근으로 가족과 많은 시간을 보내기를 희망한 반면, 신세대 인력은 보스턴에 거주하면서 대도시의 인프라를 충분히 영위하고 싶어 했던 것이다. 신구 세대의 상이한 욕구를 충족시키기 위해 위원회는 열린 대화를 통해 기존 8시 출근 정책을 폐기하고 유연 근무제를 도입하여 상호 간의 니즈를 수용하기로

했다.

　문제 해결이나 아이디어 제시 등 경영 과정에서 신세대의 기여를 촉진한 사례도 있다. 미국의 호텔업 관리 전문회사인 트러스트 호스피털리티(Trust Hospitality)는 경영 현안 및 개선 방안과 관련하여 직원이나 고객의 의견을 들어서 문제를 파악하고 해결책을 내도록 하는데, 여기에 신입 사원들이 참여하도록 권장했다. 이들이 내놓은 참신한 아이디어가 문제 해결에 도움을 주어 서비스 및 관리 업무를 개선하고 혁신하는 데 많은 기여를 했다. 그 결과, 한 설문조사에서 "나는 내가 하는 일이 회사에 기여하는 바가 크다고 생각한다."는 항목에 대해 95퍼센트가 "그렇다."고 답할 정도로 신입 사원들이 자신의 역할에 대해 만족감을 느끼고 있었다.

　미국의 세계적 아이스크림 회사 밴앤드제리스(Ben & Jerry's)도 세대 간의 의사소통을 활성화하기 위한 프로그램을 운영하고 있다. 나이에 상관없이 누구나 참여하는 '조이 갱(Joy Gang)'이라는 회사 오락위원회가 그것이다. 이 위원회는 참여자들의 아이디어 발의와 의사소통을 통해 조직 분위기 활성화에 도움이 되는 이벤트를 다양하게 기획하고 운영함으로써 각 세대를 아우르며 소통하는 효과를 거두고 있다.

　이러한 사례들은 결국 신세대도 기성세대와의 소통을 원하고 있음을 말해준다.

## 차이와 다름을 포용하는 인재경영이 필요

　지금까지 우리는 신세대를 바라보는 푸코와 하버마스의 상이한 시각을 살펴보았다. 신세대는 조직에 득이 될 수도 있고, 독이 될 수도 있다. 신세대의 개성과, 광기를 넘나드는 자유로움은 세상을 바꿀 만한 신제품 개발 같은 혁신적 성과를 가져올 수도 있는 반면, 조직의 질서를 어지럽히고 혼란을 야기하는 부작용을 초래할 수도 있다. 또한 지속적 의사소통을 통해 세대 간의 인식 차를 해소하고 원만한 관계망을 형성할 수도 있지만, 반복적인 의사소통의 체계 속에서 참신한 아이디어가 사장되는 결과를 낳을 수도 있다.

　결국, 신세대를 조직에서 어떤 방식으로 수용하는가가 중요하다. 신세대의 가치관과 기업 문화를 균형적으로 조화시키기 위해 고민하고 변화 관리를 실행할 때, 신세대는 조직의 귀중한 자산으로서 탁월한 역량을 발휘할 것이다. 그리고 그 출발점은 신세대의 '차이'와 '다름'을 포용하는 인재경영일 것이다.

**16**

# 어떻게 창의성을
# 끌어낼 것인가?

내적 동기와 외적 보상

일 자체에 관심을 가지고 몰입해야 창조적 혁신이
이루어진다.

−테레사 아마빌

사람들은 창의적 결과에 보상을 받으면 다른 일에
서도 창의적이 되려고 노력한다.

−로버트 아이젠버거

# 창의적인 아이디어 시대의 도래

2008년 여행자들에게 빈방을 빌려주겠다는 단순한 아이디어에서 출발한 숙박 공유업체 에어비앤비(Airbnb)의 기업 가치가 2015년 현재 약 240억 달러로 추정되었다. 전 세계 호텔 4,000개를 가진 대형 호텔 체인 메리어트(Marriot)보다 그 가치가 높은 것이다. 매년 수많은 박람회와 전시회가 열리는 샌프란시스코에서 성수기에 호텔방을 구하지 못해 어려움을 겪던 사람들의 니즈를 공유 경제 개념과 인터넷으로 풀어낸 것이 성공 요인이었다.[1]

모바일, 빅데이터, 클라우드 컴퓨팅, 사물 인터넷 등 세상에 없던 개념들이 연이어 등장하고 최근에는 인공지능, 로봇공학, 3D 프린터 기술이 현실화되면서 창의적인 아이디어가 가장 중요한 가치로 평가받는 시대가 되었다. 신생 스타트업 기업부터 글로벌 선진 기업에 이르기까지 혁신적인 제품과 창의적인 비즈니스 모델을 끊임없이 만들어내지 못하면 지속 성장은 물론 생존마저 위협받는 것이 오늘날의 현실이다. 그 어느 때보다 조직 구성원들의 창의성이 절실히 요구되는 상황인 것이다.

따라서 창의성과 혁신을 끌어내는 것이 리더들에게는 가장 중요한 과제가 되었다. 사실 1980년대부터 많은 학자들은 "조직 구성원들의 창의성을 어떻게 끌어낼 것인가?"라는 주제를 놓고 많은 연구를 진행했다.

이와 관련해서는 내적 동기와 외적 보상이라는 서로 다른 시각이 존재한다. 그동안 여러 업무 역량 중 특히 창의성만큼은 기본적으로 내적 동기가 중요하다는 의견이 지배적이었으나, 일부에서 외적 보상도 창의성을 높인다는 주장이 제기되었다. 이번 장에서는 창의성에 대한 동기 부여를 서로 다른 관점으로 바라보는 두 사람의 이야기를 들어본다.


## ● 창의성은 내적 동기로부터 나온다

하버드 경영대학원의 테레사 아마빌 교수는 창의성을 구성하는 세 가지 요소로 내적 동기, 전문 지식과 경험, 창의성 스킬을 들었다. 특히, 아마빌 교수는 금전 보상으로는 창의성을 끌어낼 수 없으며, 일 자체에 대한 흥미와 관심 같은 내적 동기가 중요하다고 강조했다. 즉, 직원들이 일 자체에 재미를 느끼고 몰입해야

테레사 아마빌(Teresa M. Amabile)

하버드 경영대학원 교수. 개인의 창의성을 비롯해 팀의 창의성과 조
직 혁신 등 창의성 분야의 주요 연구자로,《창조의 조건(Creativity in
Context)》(1996),《전진의 원리(The Progress Principle)》(2011, 공저) 등을
저술했다.

창조적 혁신이 가능하지, 외적 보상은 직원들의 업무 수행을 제한
하여 업무와 관련된 자유로운 사고를 방해한다는 것이다.[2]

또한 외적 보상을 받게 되면 직원들이 일 자체의 의미나 성취
감을 추구하기보다는 일을 보상의 수단으로만 여기고, 주어진 범
위 내에서 상사의 지시에 따라, 상사가 기대하는 방식으로 업무를
수행하는 경향을 드러낸다고 보았다. 효과적으로 일하는 방법을
찾아낸 후에 그 방법만 반복하면서 보상에 필요한 최소한의 노력
만 하고, 주도적으로 새로운 시도를 하지 않게 된다는 것이다.[3]

### 내적 동기 1. 강력한 기업 미션

그렇다면 직원들에게 내적 동기를 부여하는 방법은 무엇일까?
글로벌 IT 기업 구글의 미션은 "세상의 모든 정보를 체계화하여,
누구나 접근 가능하고 유용하게 사용할 수 있도록 하는 것"이라
고 한다. 세상을 바꾸겠다는 미션을 정하고, 일 자체에 대한 직원
들의 몰입과 집중을 끌어내는 것이다. 구글의 미래 조직인 구글

X<sup>*</sup>에서 구글 글래스 아이디어를 처음 생각해내고 시제품으로 만드는 데까지 걸린 시간은 단 1시간 30분이었다고 한다.

구글은 자사의 철학을 한마디로 '문샷 싱킹(moonshot thinking)'이라 정의한다. 이는 달을 자세히 보기 위해 망원경의 성능을 높이기보다 달에 갈 수 있는 우주선을 만들겠다는 발상으로, 불가능해 보이는 것을 뛰어넘는 창의적이고 혁신적인 사고를 가리킨다. 구글은 문샷 싱킹이 가능하도록 하기 위해 근무시간의 20퍼센트를 자유롭게 사용하여 자신의 프로젝트를 추구하도록 하는 '20퍼센트 시간' 도입, 직원들 간의 소통을 이끌어내는 공간 설계 등 일 자체에 몰입할 수 있는 최적의 업무 환경을 만들어가고 있다.

### 내적 동기 2. 일의 사회적 의미

최근 많은 기업들이 직원들에게 일의 사회적 의미를 강조하며 비즈니스 활동을 사회 공헌과 연결시키려 노력하고 있는데 이 역시 직원들의 내적 동기를 높이려는 시도와 관련이 있다. 글로벌 뉴스 제공업체인 팩티바(Factiva)는 2014년 기업들의 실적 발표나 산업 컨퍼런스에서 사용되는 표현을 분석한 결과, 기업 사명으로 '세계 변화', '사회적 의미' 등의 표현이 5년 전에 비해 크게

---

* 구글 내부의 연구 조직으로 2010년에 설립되어, 무인 자동차, 구글 글래스 등을 개발했다. 2015년 10월 구글이 지주회사 알파벳을 설립하면서 구글X는 알파벳의 직속 조직이 되었고 세르게이 브린(Sergey Brin)이 CEO를 맡았다. 드론 배달 사업인 '프로젝트 윙', 대형 헬륨 풍선으로 와이파이를 제공하는 '프로젝트 룬' 등 불가능을 가능케 하는 프로젝트들을 추진하고 있다(Wikipedia, 'Google X').

늘었다고 발표했다.

여행 사이트 트래블주(Travel Zoo)의 CEO는 직원들에게 "사람들 모두가 여행을 하게 된다면 지구가 더 평화로워질 것"이라고 강조했다. 컨설팅업체 KPMG는 회계 업무가 갖는 광범위한 특성을 강조하는 캠페인을 시작하면서, 자사가 미국항공우주국(NASA)의 첫 번째 우주 정거장 설립, 남아프리카의 인종차별 종식 등을 지원해왔음을 홍보했다. 실제로 KPMG는 2014년 실시한 설문조사를 통해 직원들이 자기 업무를 사회적 의미와 연결시킬 경우, 업무 만족도가 높아지고 결근율도 낮아진다는 사실을 확인했다.

또 부서장에게 KPMG의 사회 공헌에 대해 설명을 들은 직원일수록 회사를 "일하기 좋은 직장"이라고 표현했으며 설명을 듣지 않았을 때보다 이직을 고려하지 않게 되었다고 한다. 일의 사회적 의미에 대한 설명을 듣지 않았을 때는 전체 직원 중 이직을 고려하지 않는 비율이 38퍼센트에 불과했으나 설명을 들은 뒤에는 68퍼센트가 이직을 고려하지 않게 되었다고 한다.

특히, 과거보다 업무 시간이 늘어나고 경쟁에 대한 스트레스가 심해지면서 전문직과 젊은 직원일수록 자신의 일에서 사회적 의미를 찾으려는 경향이 강해지고 있다.[4]

### 내적 동기 3. 개인의 성취 욕구

아마빌 교수는 3년간 7개 기업의 직장인 238명의 일기를 분석해 이들의 내적 동기를 연구했다. 그 결과, 개인들이 자신의 업무에서 '전진'하고 있다고 느낄 때 내적 동기가 커진다는 사실을 확인하고 이를 '전진의 원리(progress principle)'라고 불렀다.[5] 회사와 리더들이 직원들의 전진을 지원 격려하고, 직원들은 전진을 통해 본인의 업무 가치를 확인하고 조직에 기여하는 느낌을 받으면서 내적 동기가 커진다는 것이다. 예를 들어, 일부 기업들은 직원들이 원하는 기회와 도전을 찾아 부서를 이동할 수 있도록 적극적으로 지원함으로써 내적 동기에 초점을 맞추고 있다.

2015년 프랑스의 경영대학원 인시아드(INSEAD)의 앤드류 시필로브(Andrew V. Shipilov)와 프레더릭 고다르(Frederic Godart) 교수는 350개 패션 브랜드에 대해 2000년부터 2010년까지 전문 구매업자들이 매긴 창의성 점수를 분석한 결과, 그룹에 속한 브랜드가 독립 브랜드보다 3배 더 창의적이라고 발표했다. 두 교수는 그룹사 브랜드의 창의성이 높은 것은 이들이 다양한 제품 및 브랜드 포트폴리오를 가지고, 그 안에서 활발한 업무 순환을 실행하기 때문이라고 분석했다.

그룹사 명품 브랜드인 LVMH(루이비통), 케어링(구찌), 리슈몽(까르티에)은 직원들의 업무 순환을 장려하고 사내 잡포스팅(공모)을 활발하게 운영하면서, 회사 내에서 브랜드 간 이동뿐 아니라 제품 간 이동도 가능하도록 하고 있었다. 특히, 업무 순환의 중심에 개인의 성취 욕구를 두고 형식적인 제도 운영에 그치지 않고 실질적인 업무 도전의 기회를 제공하려고 노력했다. 직원들은 본인이 원하는 업무에 새로이 도전함으로써 매일 전진한다고 느끼며 동기 부여의 에너지를 얻을 수 있었다. 이러한 시도를 통해 그룹에 속한 브랜드이면서도 혁신적이고 창의적인 제품을 탄생시킬 수 있었던 것이다.[6]

## 외적 보상이 창의성을 높인다

그렇다면 외적 보상은 창의성을 높이는 데 전혀 도움이 되지 않을까? 사실 창의적이고 혁신적인 결과는 매우 힘든 과정을 거쳐서 탄생한다. 때로는 자기희생도 필요하다. 조직원들과 역할 분담을 하다 보면 비교적 흥미가 떨어지는 업무를 맡을 수도 있기 때문이다. 이 경우 내적 동기만으로 가능할까?

외적 보상이 창의성을 높인다는 주장은 1990년대 후반부터 등장하기 시작했다. 대표적인 인물이 휴스턴 대학교의 로버트 아이젠버거 교수이다.

우선, 외적 보상은 직원들의 업무 수행을 제한하기도 하지만,

---

**로버트 아이젠버거(Robert Eisenberger)**
휴스턴 대학교 심리학과 교수. 주요 연구 분야는 직원-조직 관계, 직원 동기 부여 및 창의성이며, 저서로 《조직 후원 인식(Perceived Organizational Support)》(2011, 공저) 등이 있다.

동시에 해당 업무가 조직 내에서 중요하다는 것을 주변 동료들에게 알리는 역할을 한다. 이 경우, 해당 직원은 자신감을 갖고 업무에 대해 주인 의식을 갖게 된다.[7]

다음으로 외적 보상의 또 다른 장점은 직원들이 어떤 일에 창의적인 노력을 기울여서 보상을 받으면 이러한 노력과 보상에 대한 학습이 이루어져, 이후 다른 일을 추진할 때도 창의성을 발휘하고자 하는 경향으로 이어진다고 한다. 이를 학습된 근면성(learned industriousness)이라고 하는데 특히, 창의성을 끌어내는 확산적 사고(divergent thinking)[**]를 높일 수 있다고 한다.

외적 보상은 크게 금전 보상과 비금전 보상으로 나뉜다. 금전 보상은 보너스, 승진, 각종 복지혜택 등의 보상을 말하고, 비금전 보상은 상사나 동료로부터 받는 칭찬, 인정, 긍정적인 피드백을 말한다. 일반적으로 외적 보상이라 하면 금전 보상을 떠올리기 쉽지만, 연구에 따르면 직원들의 창의성을 높이는 데는 비금전 보상이 더 효과가 있는 것으로 나타났다. 이는 칭찬과 인정이 내적 동기를 향상시키고, 조직 내에 우호적 분위기를 조성하기 때문이다.

1989년에 미국과 일본 기업을 대상으로 금전 보상과 아이디어 제안과의 상관관계를 분석한 연구 결과를 보자. 미국 기업의 아이디어당 평균 보상액은 602달러로 일본 기업의 2.83달러보다 훨

---

** 1967년 미국 심리학자 길포드(J. P. Guilford)는 문제 해결을 위해 광범위한 정보를 탐색하고 여러 가지 해결책을 찾아내는 방식을 확산적 사고로, 이미 알고 있는 정보에서 적합한 해결책을 도출하는 방식을 수렴적 사고(convergent thinking)로 설명했다.

씬 높았지만, 인당 아이디어 제안 수는 일본 기업이 37.4건, 미국 기업이 0.12건으로, 오히려 일본 기업이 높았다고 한다. 연구 자들은 이 결과를 놓고, 일본 기업들이 직원들에게 자신이 제안한 아이디어가 조직을 변화시킨다는 성취감을 안겨주었기 때문이라고 분석했다.[8]

직원들의 창의성을 높이기 위해서 금전 보상을 하는 경우, 보상 방법에 대한 고민도 필요하다. 2015년 토론토 대학교 연구진은 3,000개 기업 대상의 설문조사를 바탕으로 직원들의 창의성을 끌어내는 보상 요인에 대해 연구했다. 연구 결과, 개인별로 성과에 대한 금전적 보상을 지급한 경우에는 혁신적인 상품 개발과 새로운 아이디어가 증가하지 않은 반면, 팀에게 단체 보상을 한 경우에는 조직의 창의성이 크게 높아진 것으로 나타났다.

일반적으로 창의성과 혁신은 직원들의 협업을 통해 만들어지는데 단체 보상이 조직원의 협업을 장려하는 촉매로 작용한 결과이다. 즉, 개인이 아닌 단체에 창의적 성과에 대한 보상이 주어지면 조직 차원의 협력과 커뮤니케이션이 활발해지면서 혁신적인 아이디어들이 나오는 것이다. 또한 조직 차원으로 보상이 이루어지면 개별 조직원들이 눈에 보이는 성과를 내지 못하더라도 불이익을 받지 않는다고 생각하기 때문에 단기적인 위험을 감수하고 시도해보려는 경향이 강해진다고 할 수 있다.

아울러 연구진들은 회사가 직원들에게 복리후생을 지원하는 경우에 더 창의적인 성과를 내는 경향이 있다는 사실을 확인했다. 예를 들어 회사로부터 의료비와 학자금 같은 지원을 받게 되면, 직원들은 회사와 자신의 관계를 장기적인 관점에서 바라보고 고용 안정성을 느끼게 된다는 설명이다.[9]

## ● 내적 동기와 외적 보상의 균형 있는 관리

'동기(motivation)'는 심리학 용어로 '움직이게 하다'라는 라틴어 '모베러(movere)'에서 유래되었다고 한다. 기업은 늘 직원들이 무엇에 의해 움직이는지, 그리고 직원들의 창의적 성과를 높이기 위해 어떤 동기 부여와 보상을 해야 하는지를 고민한다. 그리고 많은 기업들이 직원들의 업무 향상을 위해 연봉제, 파격적인 인센티브 제도 등을 활용하고 있다.

그러나 창의적인 사고가 요구되는 업무에서는 외적 보상 외에도 내적 동기를 높일 수 있는 방안이 강구되어야 한다. 또한 개인에 따라 선호하는 동기 부여 방식이 다르다는 점을 인식해야 한다. 같은 기업에서 근무하는 직원이라도 일이나 보상에 대해 느끼는 가치와 동기는 다를 수 있는 것이다. 결국 업무와 관련된 내적 동기와 외적 보상을 균형 있게 관리하는 것이야말로 직원의 창의성을 최대화하는 길이다. 기업은 직원들과 열린 마음으로 커뮤니케이션하면서 그들의 다양한 가치에 맞는 동기 부여 모델을 지속적으로 만들어가야 할 것이다.

**17**

# 행복한 사람이
# 더 높은 성과를 내는가?

긍정의 나선 효과와 역효과

행복한 인생을 사는 방법 중 하나는 부정적인 감정을 겪을 때마다 최소 세 번의 긍정적인 감정을 경험하는 것이다.

−바버라 프레드릭슨

사람들은 모두 자율, 재미, 보람 같은 긍정적 정서를 경험하고 싶어 한다. 하지만 이를 맹신해서는 곤란하다.

−그레첸 스프라이처

# 긍정적 정서와 부정적 정서에 대한 두 시선

최근 우리 사회에서는 바야흐로 행복이 화두다. 웰빙, 힐링 등 행복과 관련된 단어를 주변에서 쉽게 접할 수 있다. 많은 사람들이 행복을 점점 더 중요한 가치로 받아들이고 있다. 그렇다면 행복은 업무에 어떤 영향을 미칠까? 행복한 사람, 긍정적 정서를 경험하는 사람이 부정적 정서를 경험하는 사람보다 높은 성과를 낼까? 노스캐롤라이나 대학의 바버라 프레드릭슨 교수는 긍정적 정서가 높은 성과를 창출하는 데 기여한다고 주장하는 대표적 학자이다. 반면, 긍정성의 긍정적 효과를 전면 부정하는 것은 아니지만, 지나친 긍정성은 좋지 않다고 주장하는 그레첸 스프라이처 같은 학자도 있다. 이들은 보다 균형 잡힌 시각으로 긍정성을 바라볼 것을 권고한다. 이번 장에서는 두 가지 시선의 차이에 대해 살펴본다.

## 긍정의 나선 효과: 긍정성의 선순환

바버라 프레드릭슨은 1990년대 후반부터 15년 이상 긍정적 정서에 대해 집중적으로 연구한 심리학자다. 이는 마틴 셀리그먼(Martin E. P. Seligman)이 미국 심리학회 회장으로 활동하던 시기에 주도한 '긍정 심리학'이란 학문적 흐름과 무관하지 않다. 셀리그먼은 전통적 심리학이 우울증, 강박, 불안 등 인간의 부정적 측면만을 지나치게 강조해왔다고 주장하면서, 사고의 패러다임을 바꿔 인간의 긍정적 측면을 집중적으로 연구해야 한다는 주장을 내놓았다.[1]

정서 연구자였던 프레드릭슨은 이 새로운 패러다임에 적극 동참하여 2001년에 긍정적 정서의 가치를 강조한 '확장과 구축 이론(broaden & build theory)'을 제시했다.[2] 이 이론에서 프레드릭슨은 긍정성은 사람들의 마음과 생각을 열어 보다 수용적이고 창의적으로 만들 뿐만 아니라, 이를 통해 새로운 기술, 인맥, 지식을

**바버라 프레드릭슨(Barbara Fredrickson)**
미국의 심리학자. 긍정적인 정서에 관한 연구를 다수 진행했으며 긍정적 정서가 보다 좋은 성과를 낸다는 '확장과 구축 이론'을 주창했다. 저서로 《러브 2.0(Love 2.0)》(2013)과 《긍정성(Positivity)》(2009) 등이 있다.

발견하고 구축하게 해준다고 주장했다. 다시 말해 행복, 감사, 일에서의 의미를 경험하는 사람은 그렇지 않은 사람보다 적극적으로 행동하게 되고, 이를 통해 높은 성과를 낸다는 것이다. 또한 높은 성과를 낸 사람은 긍정적 정서를 경험하게 될 것이고, 이는 다시 성과 창출에 영향을 미치게 된다. 이러한 선순환이 프레드릭슨이 이야기하는 긍정의 나선 효과다. 이 관점을 조직에 적용해보면, 구성원들은 긍정적 정서를 경험할 수 있는 환경에서 더 창의적이고 높은 성과를 낸다고 볼 수 있다.

확장과 구축 이론은 심리학의 여러 분야에 영향을 미쳤지만, 특히 조직 심리학에서 새로운 변화를 이끌어냈다. 당시 프레드릭슨이 재직하던 미시간 대학교의 조직 심리학, 조직 이론 교수들도 긍정성의 가치를 인정하고, 조직 안에서 긍정성이 효과를 나타낼 수 있다고 주장한 연구를 모아 《긍정 조직학》이라는 책을 펴냈다.[3] 이 책이 출간된 후, 조직 심리학, 조직 이론 분야에서도 조직 내 부정적 문제 해결에 초점을 맞췄던 종전의 관점에서 벗어나 긍정성, 행복을 주제로 한 연구가 매우 활발해졌으니 프레드릭슨은 새 시대를 여는 데 기여한 학자라 평가할 수 있다.

## 긍정적 정서 경험이 높은 성과를 만든다

미국의 유기농 식품 전문 유통업체인 홀푸드마켓(Whole Foods

Market)은 직원들의 긍정적 정서를 통해 높은 성과를 유도한 대표적 기업이다. 홀푸드마켓의 창업자들은 사업 초기부터 두려움과 스트레스 대신 사랑과 신뢰를 바탕으로 기업을 운영하기 위해 고민해왔다.[4] 그러한 고민의 결과, 공동 대표인 존 맥키(John Mackey)와 월터 롭(Walter Robb)은 '품질 좋은 자연주의', '고객 만족' 등 회사가 지향하는 가치에 동참하는 직원을 채용하고, 공유와 협력에 바탕을 둔 팀에서 자율적으로 일할 수 있는 인사 제도와 환경을 만들었다. 홀푸드마켓의 각 점포는 팀원의 채용, 제품 선택, 상품 기획, 가격 결정 등의 의사 결정을 직접 내리고, 그에 대한 책임도 진다. 또한 모든 직원이 재무, 영업, 타 점포 직원의 보상 정보 등 모든 경영 데이터를 볼 수 있을 정도로 정보의 투명성이 높다. 그 과정에서 구성원들은 소속감과 안정감을 느끼게 되었고, 이는 고르고 고른 최고 품질의 상품을 합리적인 가격으로 고객에게 제공하는 고객 감동 서비스로 이어졌다. 고객들의 호응은 당연한 결과였다.

1980년 텍사스의 작은 식료품점으로 시작한 이 회사는 2013년 미국, 캐나다, 영국 등에 365개의 매장을 가진 유통 체인점으로 성장했다. 또한 1991년 9,200만 달러이던 매출은 2013년 129억 달러로 늘어났으며, 상점 매출도 매년 10퍼센트 이상 증가했다고 한다. 단위 면적당 매출도 다른 경쟁사에 비해 2배 이상 높다. 이 회사의 놀라운 성과는 재무적인 부분에서 그치지 않았다. 《포천》이 선정한 '가장 일하고 싶은 100대 기업'에 13년 연속 이름을 올렸는데, 이러한 결과는 직원도 행복하고 회사도 행복한, 말 그대로 모두가 행복한 사례라고 할 수 있겠다.

미라이공업(未來工業), 새스(SAS), 구글, 이케아 역시 파격적인 복지 혜택과 자율성을 부여하여 직원과 행복을 나누며 승승장구하는 기업들이다. 물론 직원들의 긍정성 향상이 성공의 유일한 요인이라고 단언할 수는 없겠지만, 직원들의 행복이 회사의 성과에 긍정적인 영향을 미칠 수 있다는 것을 보여주는 사례다.

## ● 긍정의 역효과: 과도한 긍정성은 현실에 안주하게 한다

프레드릭슨이 미시간 대학교 재직 시절, 함께 연구했던 동료 교수 스프라이처의 의견도 귀기울여볼 필요가 있다. 스프라이처도 긍정 조직학이라는 새로운 학문적 흐름에 동참하여 긍정 리더십, 권한 이양 등의 분야에서 활발한 연구를 진행하고 있다. 하지만 스프라이처는 긍정성에 대한 지나친 맹신을 경계하면서 조금은 신중한 입장을 취하고 있다. 그녀는 감정이나 정서에서 긍정적인 상태가 지속되면 사람들은 현재 상황을 변화시킬 필요가 없는 것으로 인식한다는 심리학의 고전 이론을 환기시켰다.

심리학자 슈와츠(Schwarz, N.)와 클로어(Clore, G. L.)는 1983년 '정보로서의 정서 이론(affect-as-information)'을 발표했고, 이 연구

그레첸 스프라이처(Gretchen M. Spreitzer)

미국의 심리학자이자 경영학자. 1999년부터 재직 중인 미시간 대학
교의 교수들과 함께 리더십과 권한 이양에 관한 연구를 다수 진행했
으며, 긍정 조직학 분야의 선구자로 평가받는다. 주요 저서로《긍정
조직학(Positive Organizational Scholarship)》(2003)과《리더십의 미래
(The Future of Leadership)》(2001) 등이 있다.

는 오랜 시간 널리 인용되었다.[5] 이 이론에 따르면, 사람들은 현재
상태를 환경에 어떻게 반응해야 하는지 판단하는 데 정보로 활용
한다. 따라서 긍정적 정서가 느껴지면 현재 상태를 아무런 문제가
없는 좋은 상태로 여겨 변화가 필요하지 않다고 판단하게 된다.
반면, 덜 긍정적이거나 부정적인 정서는 변화를 추구하고 개선 활
동을 해야만 현재보다 더 나은 상태가 된다고 판단하는 준거로
사용한다. 이는 긍정적 정서가 긍정의 선순환을 그리게 될 것이라
는 프레드릭슨의 이론과 부분적으로 상충한다. 정보로서의 정서
이론을 조직에 적용해보면, 직원들이 행복하고 긍정적인 상태일
때는 적극적인 행동이나 혁신을 추진하지 않고 현실에 안주할 수
있다는 것이다.

　스프라이처는 이와 같이 상충되는 두 이론이 현실에서는 어떤
현상으로 나타나는지 경험적으로 증명해냈다.[6] 2014년에 스프라
이처가 소프트웨어 엔지니어들과 그 상사들을 대상으로 수행한

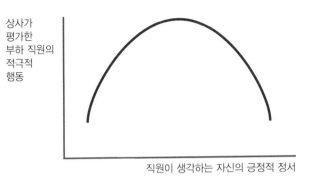
스프라이처가 연구한 긍정적 정서-적극적 행동의 역U자형 그래프 ──────

상사가
평가한
부하 직원의
적극적
행동

직원이 생각하는 자신의 긍정적 정서

연구를 살펴보면, 엔지니어들이 느끼는 직장에서의 긍정적 정서는 상사들이 평가한 부하들의 적극적 행동과 역U자형 관계가 있는 것으로 나타났다. 다시 말해, 일정 수준의 긍정적 정서는 적극적이고 성과 창출에 기여하는 행동을 유도하지만, 그 수준이 과도하면 오히려 적극성과 성과를 향한 의욕이 저하된다는 것이다. 즉, 긍정적 정서는 좋은 것이지만, 과도한 긍정성은 곤란하다는 것이 이 연구가 시사하는 바다.

## ● 지나친 긍정성을 경계하라

스프라이처의 주장이 설득력 있는 것은 한때 시장에서 최강자 자리를 지키던 기업들이 발빠른 시장 대응에 실패해 몰락하게 된 사례들이 있기 때문이다. 인터넷의 폭발적 성장과 함께했던 기업 야후는 당시 독보적 시장 지배라는 긍정적 상태에 취해 기술 발전을 등한시하다가 몰락의 길을 걸었다. 야후가 새로운 검색 엔진 개발에 관심을 기울이지 않는 동안 구글은 빠르게 성장했고, 인터넷의 제왕 자리를 차지하게 되었다.

썬마이크로시스템즈는 자바(Java)를 개발하면서 프로그램 언어의 표준을 바꿀 만큼 시대를 풍미했던 IT 기업으로, 창의적이고 자율성을 존중하는 긍정적 조직 문화로 유명했다. 하지만 지나친 긍정성을 경계하지 않고, 시장 변화에 빠르게 대응하지 못한 탓에 2009년에 오라클에 인수되고 말았다. 모토롤라, 노키아, 코닥 등도 유사한 사례다. 반복된 성공의 결과인 지나친 자신감이 오히려 실패의 원인으로 작용한 것이다.

물론 이 기업들의 몰락 원인을 지나친 긍정성만으로 보는 것은 비약일 수 있다. 하지만 분명한 것은 과도한 긍정성이 실패의 원인 중 하나일 수 있음을 간과해서는 안 된다는 점이다.

●                  **긍정성과 부정성의 황금 비율**

그렇다면 우리는 긍정성과 부정성에 대해 어떻게 받아들이고 해석해야 할까? 확장과 구축 이론을 주창한 프레드릭슨도 무조건적인 긍정성보다는 긍정성과 부정성이 일정 비율을 유지하는 것

이 좋다는 슈와츠의 주장[7]을 받아들여 긍정성과 부정성의 적정 비율을 알아내는 연구를 진행했다.[8]

프레드릭슨은 긍정성과 부정성의 황금 비율을 알아내기 위해 학부생 188명을 대상으로 28일간 참가자들이 매일 경험한 정서와 삶의 번영(flourishing) 정도를 측정했다. 번영이란, 심리적으로 자기 자신을 긍정적으로 바라보고, 삶의 의미를 찾고, 타인과 긍정적 관계를 맺고, 개인적인 성장 욕구를 갖는 것을 의미한다. 이 실험의 결과, 참가자들이 경험한 긍정성과 부정성의 비율은 2.9 대 1 이상일 때 번영하는 것으로 나타났다. 2.9 대 1보다 긍정성의 비율이 높은 경우에는 11 대 1까지는 번영의 정도가 증가하지만 그 이상으로 증가하면 더 이상 번영에 긍정적인 영향을 미치지 않는 것으로 나타났다.

이 연구 결과는 적절한 수준의 부정성, 즉 불안, 일이 잘못될 경우에 대한 염려 등이 현실을 냉철하게 바라보게 함으로써 개인의 삶과 일에서의 성과에 모두 좋은 영향을 미친다는 사실을 시사한다. 긍정성이 너무 커지면 지나친 낙관주의로 흘러 좋지 않은 결과를 가져올 수 있는 한편, 부정성이 긍정성과 비슷하거나 더 많으면 일이 진행되기 어렵다는 시사점 또한 얻을 수 있다.

# 성향에 맞는 동기 부여 전략이 필요하다

《기브 앤드 테이크(Give and Take)》(2013년)의 저자이자, 와튼 스쿨의 교수인 애덤 그랜트(Adam Grant)는 사람들의 성향을 전략적 낙관주의자(strategic optimist)와 방어적 비관주의자(defensive pessimist)로 분류했다.[9]

전략적 낙관주의자는 일을 시작하기 전에 미리 성공한 상황을 연상하는 반면, 방어적 비관주의자는 일이 실패할 가능성을 고려하여 해결 방법을 찾는다고 한다. 흥미로운 점은 전략적 낙관주의자에 비해 방어적 비관주의자의 성과가 반드시 낮은 것은 아니라는 점이다. 방어적 비관주의자들은 칭찬, 격려보다는 그들이 상황을 다소 부정적으로 인식하는 방식을 존중받을 때 좋은 성과를 낸다. 조직 전체의 관점에서 보면 방어적 비관주의자는 집단 사고와 지나친 낙관주의를 방지할 수 있는 역할을 하는 사람으로 조직에 불필요한 사람이 아니다. 오히려 꼭 필요한 사람이다. 조직 내 25퍼센트는 미래를 걱정하고, 의사 결정에 있어 좀더 신중한 태도를 취해야만 조직은 균형을 유지할 수 있다.

특기할 만한 것은 방어적 비관주의자들에게 긍정적인 정서, 행복 등을 강요하면 도리어 성과가 낮아졌다는 점이다. 개개인의 성향에 맞는 맞춤화된 동기 부여 전략이 필요함을 의미한다.

일터는 단순히 생계유지만을 목적으로 하는 곳이 아니라 개개인의 자아를 실현하는 장이다. 또한 하루 중 가장 많은 시간을 보내는 곳이기도 하다. 그러므로 직장에서 구성원들이 행복을 느낄 수 있도록 만드는 것이 매우 중요하다. 하지만 조직의 존재 이유인 '성과'라는 측면에서 보면 보다 균형 잡히고 세련된 행복 관리, 동기 부여 방안이 필요할 것이다. 부정적 정서가 많이 유발되는 어려운 상황에서는 긍정성을, 긍정적 정서가 과도하게 유발되는 낙관적 상황에서는 약간의 부정성을 자극하는 것이 하나의 처방이 될 수 있겠다.

**18**

# 긍정성을 찾는 것과 부정성을 피하는 것, 어디에 초점을 맞출 것인가?

채용 시 고려해야 할 성격의 두 가지 측면

조직에서 성공을 예측하는 데 필요한 성격은 다섯 가지 요인으로 설명 가능하다.

−폴 코스타, 로버트 맥크레이

이제 조직에서는 성격의 긍정적 측면만큼이나 어두운 측면을 고려해야 한다.

−로버트 호건

## 살인자가 어떻게 회사에 들어왔을까

2000년 12월 26일, 모두가 크리스마스 휴가를 즐기고 있던 시간에 충격적인 사건 하나가 미국 전역을 뒤흔들었다. 바로 보스턴 외곽에 위치한 웨이크필드 시의 IT 기업 에지워터 테크(Edgewater Techonology)사에서 끔찍한 총기 난사 사건이 발생한 것이다. 이 사건으로 모두 7명이 희생되었다. 마침 크리스마스 휴가 기간이라 더 큰 피해는 줄일 수 있었으나 함께 일하는 동료에게 가해진 총기 난사 사건에 미국 국민은 경악을 금치 못했다.

가해자는 '닷컴 킬러(the dot com killer)'라고 알려진 마이클 맥더멋(Michael McDermott)으로 당시 에지워터 테크사의 어플리케이션 담당자였다. 그는 경찰에 체포되었을 당시 "나는 독일의 과거로 돌아가서 히틀러와 나치 당원을 죽인 것이다."라고 중얼거렸다고 한다. 희생된 동료들에 대해서도 "그들이 나를 공격하기 전에 미리 막았을 뿐이다."라고 주장했다. 동료들의 증언에 따르면 마이클은 평소 조용하고 소심해 보였을 뿐 특별히 눈에 띄는 특징을 보이거나 이상행동을 하던 사람이 아니었다고 한다. 매우 극단적인 사례이기는 하나 이 사건은 우리에게 조직에서 고려해야 할 성격 측면에 대해 생각하게 한다. 마이클 맥더멋에게 무슨 일이 있었던 것일까? 이런 무시무시한 살인자가 어떻게 회사에 들어왔고, 왜 누구도 그의 공격적인 성향을 눈치채지 못했을까?

채용 담당자나 관리자들은 조직에 도움이 되는 인력을 선발하기 위해 늘 고심한다. 그들은 새로운 사람을 선발할 때, 개인의 내재적 특징(동기, 태도 등)과 성격이 조직과 잘 어울리는지(조직 적합도)를 평가할 뿐만 아니라 얼마나 긍정적인 성격을 가지고 있는지를 중요한 잣대로 삼는다. 그래서 대부분의 회사들이 심리학과 경영학을 토대로 조직에 긍정적인 영향을 미칠 수 있는 구성원들의 성격 요인을 파악하여 이러한 성향을 가진 이들을 선발하는 데 많은 노력을 기울인다. 지금까지 알려진 바에 의하면, 외향성, 성실성과 같은 성격 특성은 직무 만족이나 직무 성과, 심지어 급여 수준과 상관관계가 높은 것으로 밝혀졌다.[1] 또한 높은 자아 존중감은 업무 스트레스의 수용도, 감정 회복 탄력성과도 정의 관계에 있는 것으로 알려졌다.[2]

이렇듯 지금까지의 성격 연구들은 대부분 성격 유형 중 중립적이거나 긍정적인 특성을 파악하는 데 초점을 맞추어왔다. 그런데 에지워터 테크사의 사례처럼 최근 조직 내 갈등을 유발하는 무례

한 행동, 비생산적 업무 행동, 조직에 독이 되는 리더십 이탈(derailment), 반사회적 행동 등 조직 내 부정적인 현상들이 문제시되면서 이들을 예측하고 설명하는 성격의 어두운 측면에 관한 논의가 주목을 받고 있다. 그렇다면 채용을 할 때 우리는 어떤 측면에 더 집중해야 하는 것일까? 긍정적인 성격의 사람을 뽑는 것이 중요할까? 아니면 부정적인 성격의 사람이 조직에 유입되는 것을 막는 데 더 집중해야 할까?

## • 빅 5 성격 모델: 조직에 긍정적으로 작용하는 다섯 가지 성격

먼저 조직에서 고려해야 할 긍정적인 성격 측면을 살펴보자. 차이는 있지만, 대부분의 회사에서 구성원을 선발하거나 직무 배치를 할 때 활용하는 것이 빅 5(Big 5) 성격 모델이다. 빅 5 성격 모델[3]은 폴 코스타와 로버트 맥크레이의 1992년 논문 "네 가지 방법, 다섯 가지 요소가 기본이다(Four Ways Five Factors are Basic)"와 1997년 논문 "인간의 보편적 성격 특질 구조(Personality Trait Structure as a Human Universal)"를 통해 소개되었는데 다수의 학자들에 의해 성격을 구분하는 유용한 요인으로 인정받고 있다.[4]

이 모델에 의하면 인간의 다섯 가지 성향은 시간과 상황을 초월하여 습관, 태도, 능력, 관계 같은 형식으로 개인의 독특한 적응

폴 코스타(Paul. T. Costa, Jr.)와 로버트 맥크레이(Robert. R. McCrae)
미국의 심리학자들. 사람의 성격 특성을 분석하여, 조직에서의 직무
수행과 연관이 높은 다섯 가지 성격 요인을 도출했다. 공저로《성인
의 성격: 다섯 가지 요인의 이론 관점(Personality in Adulthood: A Five-
Factor Theory Perspective)》(2005) 등이 있다.

양식에 영향을 미친다고 한다. 우리에게는 OCEAN 모델로도 알
려져 있는데, OCEAN이란 성격의 다섯 가지 요인인, 경험에 대한
개방성(Openness to experience), 성실성(Conscientiousness), 외향
성(Extraversion), 친화성(Agreeableness), 신경증(Neuroticism)을 의
미한다. 기업에서는 이러한 빅 5 성격 모델을 바탕으로 조직에 필
요한 사람을 선발하고 직무의 특성과 연관시켜 배치하는 등 다양
하게 활용하고 있다.

우선 '경험에 대한 개방성'은 말 그대로 개인의 심리 및 경험의
다양성과 관련된 것으로, 이러한 성향이 높은 사람들은 상상력,
호기심, 모험심, 심미적인 것에 대한 관심이 많아 예술적 감각이
높다. 다음으로 '성실성'은 흔히 우리가 생각하는 포괄적인 성실
성이 아닌, 목표를 성취하기 위해 끊임없이 노력하는 성향을 의미
한다. 즉, 빅 5 성격 모델에서 성실성이 높다는 것은 과제 및 목적
에 대한 지향성이 높다는 의미이다. 이러한 사람들은 심사숙고,
규준이나 규칙의 준수, 계획 세우기, 조직화, 과제 준비 등과 같은

특질을 갖고 있다.

'외향성'이 높은 사람은 대인관계나 타인의 관심을 끄는 일에 능하고, 사회와 현실에 의욕적으로 접근하는 경향이 강한데, 비슷한 특질로 사회성, 적극성, 활동성이 언급되기도 한다. '친화성'은 타인에게 적대적이기보다 협조적인 태도를 보이는 성향으로, 이타심, 신뢰, 배려, 겸손과 같은 특질을 포함한다. 마지막으로 '신경증'은 걱정, 부정적 감정 등과 같은 바람직하지 못한 행동과 관계된 것으로 분노, 우울함, 불안감 같은 불쾌한 정서를 쉽게 느끼는 특질을 말한다. 코스타와 맥크레이에 따르면 신경증이 낮은 사람일수록, 즉 정서적으로 안정된 사람일수록 조직에 긍정적인 영향을 미친다고 한다. 그렇지만 적절한 신경증은 꼼꼼한 일 처리를 통해 업무 수행의 완성도를 높이기도 하므로 몇몇 직군에서는 일부러 신경증이 높은 사람을 채용하기도 한다.

그렇다면 이 다섯 가지 성격 요인 중 직무 수행과 가장 연관이 높은 성격 요인은 무엇일까? 연구자들은 다섯 개의 성격 요인 중 생산성, 직무 몰입과 같은 직무 수행과 가장 연관이 높은 성격 요인이 성실성임을 밝혀냈다. 더불어 성실성은 조직에서 타인을 배려하는 행동과 같은 조직 시민 행동과도 연관성이 높다. 외향성 또한 생산성과 간접적인 연관성이 있는데, 외향성이 높은 사람의 경우 대인관계가 좋아 팀워크 및 협업에 긍정적인 영향을 미치고, 결과적으로 생산성도 높은 것으로 밝혀졌다.

빅 5 성격 모델을 기초로 직무·직군별 선호되는 성격 요인을 분석해보면 어떤 결과가 나올까? 연구자들뿐 아니라 실제 채용 담당자, 관리자들의 경험을 조합해보건대, 외향성의 경우 대체로 모든 직군에서 긍정적인 성격 요인으로 해석되고 있다. 좀더 구체적으로 보면, 외향성이 높은 사람은 영업처럼 특히 타인과의 교류가 많은 직무군에서 강점을 보인다. 개방성, 친화성, 정서적 안정성은 관리 역량과도 상관관계가 높은 것으로 밝혀졌다.

그런데 흥미로운 점이 있다. 앞서 말했듯이 대부분의 경우 신경증이 높은 사람, 즉 정서적 안정성 점수가 낮은 사람이 조직에서 환영받는 경우는 드물지만, 몇몇 직무에서는 어느 정도의 신경증이 오히려 직무 수행력을 높이는 경우가 있다는 것이다. 월스트리트의 증권 트레이더들이 그러한 경우다. 언제 어떻게 변할지 모르는 시장에서 커다란 위험부담을 안고 일하는 증권 트레이더의 경우 나쁜 상황에서도 침착하게 대응하고, 사전에 꼼꼼히 위험에 대비하는 능력이 중요하다. 그래서 월스트리트의 채용 담당자들은 인력을 선발할 때, 일정 수준 이상의 불안증이 있는 사람을 선호한다고 한다.

## ● 조직에 부정적으로 작용하는 세 가지 성격 요인

그런데 빅 5 성격 모델을 바탕으로 좋은 사람들만 선발했음에도 불구하고, 에지워터 테크사의 사고처럼 종종 이해할 수 없는 사건들이 일어나기도 한다. 이에 대해 2001년 성격 심리학자 로버트 호건이 리더십에서 요구되는 성격 혹은 특질에 관한 새로운 시각을 제시했다.[5] 바로 개인의 성격으로 인해 직무 수행 리스크나 조직 내 부정행위가 발생하는 것은 우수한 성격적 자질이 부족해서가 아니라, 부정적인 성격 특성에서 비롯된다는 주장이다. 즉, 괴롭힘 행동, 폭언, 직무 불이행, 생산성 저하 등 조직 내 부정적 결과를 초래하는 성격은 성실성이나 개방성 등이 부족해서가 아니라 빅 5 성격 모델로는 설명이 안 되는 요인, 즉 독립적인 요인에 근거한다는 것이다.

호건에 따르면 이러한 성격은 평소에 드러날 수도 있지만 대체로 개인의 스트레스 수준이 높거나 피곤할 때, 주변 환경이 급격하게 변할 때 발현된다고 한다. 호건이 밝혀낸 성격의 어두운 측면들을 바탕으로 연구자들은 부정적인 행동에 영향을 미치는 성격 요인을 다음의 세 가지로 정리했다.[6]

먼저 마키아벨리적 성격이다. 마키아벨리적 성격이란 권모술수

**로버트 호건(Robert Hogan)**
미국의 심리학자. 성격 검사의 혁신가로 알려져 있다. 존스홉킨스 대학교와 툴사 대학교의 심리학과 교수로 재직했고, 저서로《성격과 조직의 성패(Personality and the Fate of Organizations)》(2006) 등이 있다.

를 써서 다른 사람들을 자신이 원하는 방향으로 움직이게 하고 조작하는 성격을 말하는데, 리먼브라더스의 전 CEO였던 리처드 펄드(Richard Fuld)가 보여준 성격 변화에서 그 일면을 찾아볼 수 있다.

2008년 글로벌 금융위기가 일어나기 전까지만 해도 유능한 리더로 알려져 있던 펄드는 시장이 어려워지자, 서서히 마키아벨리적 성격을 드러내기 시작했다. 그는 리먼브라더스가 파산 지경에 이르자 그동안 알고 지내왔던 유수 기업의 CEO들을 탓하고 정치인들을 공격하기도 했다. 또 어려운 회사 사정에도 불구하고 많은 자산을 따로 챙겨 지금까지도 여러 사람들로부터 의혹의 눈길을 사고 있다.

다음 성격 요인으로 꼽히는 것이 지나친 나르시시즘(자기애적 성격장애)이다. 나르시시즘은 그리스 신화에 나오는 미소년 나르키소스가 물속에 비친 자신의 얼굴에 반해 사랑에 빠진다는 이야기에서 유래되었다. 그런데 기억해야 할 점은 나르시시즘이 건강한 자기애, 자기 존중감이 아닌 중독에 가까운 집착 성향을 말한다는 것이다. 사실 조직에서 나르시시즘 자체는 문제가 되지 않는다. 적당한 나르시시즘은 자신감을 북돋우고 강한 추진력과 의사결정력을 발휘하는 좋은 자질이다.[7] 문제는 앞서 언급했듯이 지나친 자기애에 빠지는 경우인데, 이런 사람은 자신에 대한 확신이 지나치고 성격적 응집력도 강하여 타인의 충고를 오히려 비난으로 받아들이는 경향이 있다. 따라서 조직원으로서 협업을 방해하고, 독단적인 리더가 되는 경우가 있다.

거침없는 화법과 호화 생활, 여성 편력 등으로 실리콘밸리의 악동으로 불리는 오라클 창업자 래리 엘리슨에게서도 종종 자아도취 성향이 발견된다. 미국 기자 마이크 윌슨(Mike Wilson)이 래리 엘리슨에 대해 저술한 책 제목은《신과 래리 엘리슨의 차이, 신은 자신을 래리 엘리슨이라 생각하지 않는다(The Difference Between God and Larry Ellison: God Doesn't Think He's Larry Ellison)》이다. 래리 엘리슨이 스스로를 신이라고 생각한다는 의미이다.

마지막으로 조직에서 고려해야 할 부정적 성격 요인은 반사회성이다. 반사회성을 지닌 사람들은 충동성이 짙고, 공감 능력이 떨어진다. 에지워터 테크사의 마이클이 그런 인물이었는데, 실제 그의 변호인은 사고의 원인이 마이클의 반사회적 성격장애와 정신질환에서 기인한 것이라는 주장을 펼치기도 했다. 이러한 성향이 있는 사람들은 위험을 즐기는 경향이 있어 비윤리적인 행동을 할 가능성이 있다. 또한 다른 사람들과의 감정 교류나 소통에 어려움을 겪고 죄책감을 느끼지 않아서 조직의 분위기를 해치기도 한다.

이렇듯 실제 글로벌 선진 기업에서는 조직 내 어두운 성격 요인의 발현으로 인한 부정적 결과들이 종종 보고되고 있으며 이러한 성격을 가진 사람들의 유입을 막기 위해 여러 검사들을 도입하고 있다. IBM의 경우 리더를 선발할 때 '이탈(derailment)'이라는 도구를 사용했는데, 이는 도덕성과 정직성 등을 측정하여 리더로서 자질이 부족한 사람을 걸러내기 위한 조치였다. IBM이 이러한 부정적 성격 요인 검사 도구를 도입했던 것은 관리자의 부정적 행동이 다른 임직원에게도 나쁜 영향을 미치기 때문이었다. 또한 P&G를 포함한 몇몇 글로벌 기업은 신입 혹은 경력 채용에서 지원자의 공격성이나 다른 어두운 측면을 측정하여 사전에 이러한 성격을 발현시킬 만한 사람들의 진입을 막고 있다.

그런데 최근까지는 어두운 성격 요인을 측정하는 검사 도구의 대부분이 자기 보고식이라는 한계가 있었다. 자기 보고식 응답은 특히 부정적 요인을 측정할 때, 사회적 바람직성(social desirability)* 으로 인해 결과를 왜곡할 가능성이 높아 검사의 타당도가 위협받았다. 자신이 반사회적이고 공격성이 높은 사람이라고 말할 사람은 없기 때문이다. 그래서 연구자들 사이에서 최근 이러한 응답 오류를 최소화하고 타당성을 높이고자 자기 보고식 검사보다는 투사 검사처럼 개인의 반응을 분석하여 내재적 동기나 성격을 측정하는 검사를 개발해 사용하고 있다.

모든 사람의 성격에는 밝은 측면과 어두운 측면이 공존한다. 나에게 혹은 조직 구성원들에게 성격의 어두운 측면이 있다 해서 반드시 나쁜 것은 아니다. 그러나 분명한 것은 기존의 많은 조직이 성격의 긍정적인 측면에 집중하여, 그러한 성향이 많은 사람들

---

* 설문조사에서 응답자가 실제로 생각하고 느끼는 대로 응답하는 대신 사회적 승인을 높이는 방식으로 응답하려는 경향.

을 찾는 일에 초점을 맞추었다면, 이제는 어두운 측면까지 고려하여 인재를 발굴하고 육성하는 일에 중요성을 두기 시작했다는 것이다.

**19**

# 다양성,
# 시너지의 원천인가?
# 갈등의 요인인가?

양날의 칼, 인력 다양성

다양성이 높은 집단은 동질적인 집단에 비해 창의
적인 아이디어 제안, 복잡한 문제 해결, 과업 성취도
등에서 높은 성과를 창출한다.

　　　　　　　　　　　　　　　　　　　 ─테일러 콕스

인력 다양성이 증가할수록 긴장과 갈등이 유발되어
의사소통이 어려워지고 활발한 과업 수행이 방해받
는다.

　　　　　　　　　　　　　　　　　　　 ─캐더린 윌리엄스

# 확대되는 조직 내 인력 다양성

미국의 경제 전문지 《포천》은 매년 '일하기 좋은 100대 기업'을 선정해 발표한다. 일하기 좋은 기업이란 곧 취업하고 싶은 기업으로, 그야말로 직장인들의 이상형 기업을 나타내는 순위라고도 할 수 있다. 시대의 변화와 함께 이러한 기업을 선정하는 기준도 변하고 있다. 여성이 일하기 좋은 기업, 소수민족이 일하기 좋은 기업 등 기업 내부 인력의 다양성을 얼마나 적극적이고 성공적으로 실현해 나가고 있느냐를 기준으로 삼는 리스트도 증가하고 있다. 미국의 HRG라는 인권 단체는 해마다 'GLBT*가 일하기 좋은 기업'을 선정하기도 한다.

주목할 것은 GM, 포드, 아멕스카드 등 이 순위의 상위권에 랭

---

* 게이, 레즈비언, 바이섹슈얼, 그리고 트랜스젠더의 약자.

크된 기업들이 하나같이 그 사실을 무척 영예롭게 여긴다는 점이다. 이 기업들이 모두 다양성을 글로벌 시대의 핵심 코드로 인식하고 있기 때문일 것이다.

한국 기업 역시 최근 들어 여성이나 외국인, 장애인 등 소수 계층을 고용하는 비율이 늘고 있다. 500인 이상 기업체에 근무하는 여성 인력은 2001년 23만 명에서 2014년 42만 명으로 2배 가까이 증가했고, 같은 기간 외국인 근로자도 14만 명에서 56만 명으로 4배 정도 늘어났다. 장애인 고용도 같은 기간 2만 2,000명에서 15만 4,000명으로 7배 가까이 늘어났다.

또한 기업의 인력 채용 정책 변화로 즉시 활용 가능한 경력직 인력 비중도 증가하는 추세이며, 기존 세대와 가치관이 다른 신세대의 사회 진출도 가속화되고 있다. 1980년 이후 출생한 신세대 취업자 수는 2004년 198만 명(8.8퍼센트)에서 2015년 677만 명(26.1퍼센트)으로 약 3.4배 증가했다.[1]

이러한 추세는 2011년 7월 삼성경제연구소가 SERICEO 회원 339명을 대상으로 실시한 설문조사 결과에서도 확인할 수 있다. 5년 전에 비해 인력 구성이 다양해졌다고 대답한 CEO는 66.7퍼센트나 되었고 다양성이 성과 향상에 도움이 된다고 인식하는 CEO도 74.3퍼센트나 되었다.

그러나 실질적인 관리는 이러한 변화를 따라가지 못하는 실정이다. 다양성을 존중하지 않는 폐쇄적인 조직 문화 때문에 글로벌 우수 인재가 국내 기업을 떠나기도 하고, 경력 사원이 새로운 조직에 적응하는 데 어려움을 겪는 경우도 빈번하다.


## 다양성 관리는 양날의 칼

인력 다양성은 흔히 양날의 칼이라고 한다. 높은 다양성은 창조와 혁신의 원천이 되지만 자칫 조직의 응집력을 떨어뜨리고 갈등을 유발할 수 있기 때문이다.

많은 연구 결과들이, 다양성은 잘 관리되면 창의성 증대, 혁신, 우수 인력 유치와 인력 풀 확대, 고객 이해, 대외적인 이미지 제고 등 긍정적 효과를 유발한다는 사실을 보여주고 있다. 잭슨과 알바레즈(Jackson, M. & Alvarez, A.),[2] 그리고 밀켄과 마틴스(Millken, F. J. & Martins, L. L.)는 다양성이 높아지면 창의성에 긍정적인 영향을 미친다는 연구 결과를 발표했다.[3] 콕스와 블레이크(Cox, T. & Blake, S.)의 연구에서는 다양성이 인재 확보, 마케팅, 창의력, 문제 해결 능력, 조직의 유연성 측면에서 이점이 있는 것으로 나타났다.[4] 특히 회사가 다양한 인력을 채용한다는 평판을 받으면 실력 있는 여성이나 소수 인력들이 그 회사에 들어오게 된다. 또한 라이트와 페리스 등(Wright, P., Ferris, S. P., Hiller, J. S. & Kroll, M.)의 연구에서는 다양성이 고객의 니즈 파악과 신제품 개발에 긍정적인 영향을 미칠 뿐만 아니라 도덕적·윤리적 기업이라는 이미지를 확산시키고 투자자의 투자를 이끌어내는 데에도 도움이 되는 것으로 확인

되었다.[5]

반면 다양성 증가는 조직 응집력 약화, 갈등, 의사소통 저해, 차별 시비 소송과 같은 부정적 영향을 초래할 가능성도 있다. 윌리엄스와 오레일리(Williams, K. Y. & O'Reilly, C. A.)의 연구에 의하면 구성원의 다양성은 몰입도와 만족도를 낮추고 긴장과 갈등을 유발하여 서로 간의 의사소통을 어렵게 함으로써 과업 진행을 저해하는 것으로 나타났다.[6] 코칸 등(Kochan, T., et al.,)의 연구에서도 다양성이 잘 관리되지 않으면 기업 성과를 저해하는 것으로 나타났다.[7]


## 기업 이미지 실추시키는 차별 시비

실제로 일부 글로벌 기업은 인력 다양성과 관련한 차별 시비로 막대한 금전적 손실과 이미지 실추를 경험하기도 했다. 대표적인 사례가 월마트이다.

베티 듀크스를 비롯한 월마트 직원 6명은 2001년 "여성이라는 이유로 임금을 적게 받고 승진도 하지 못했다."라며 월마트에 소송을 제기했다. 이 소송은 2010년 월마트 전·현직 여직원 약 160만 명을 대표하는 집단소송으로 확대되었다. 2011년 6월, 증거 부족으로 미국 대법원에서 기각되었지만 월마트의 이미지는 이미 크게 손상된 후였다.[8]

맥도날드는 2010년 지적장애인 차별 소송에 휘말렸다. 지적장애가 있는 알티스는 맥도날드에 취업한 후 상점 앞과 로비에서 일하는 업무를 담당했다. 알티스는 해당 업무를 잘 완수했음에도 불구하고 동료와 상급 관리자로부터 지적장애가 있다는 이유로 정신적·신체적 괴롭힘을 당했다. 그들은 '바보(dumb)', '멍청이(stupid)', '지능 발달이 더딘(retarded)'과 같은 용어를 사용하며 놀렸고 날카로운 박스 칼로 위협하기도 했다. 결국 법원은 회사가 피해자에게 9만 달러 상당의 위로금을 지급하라고 판결했다. 게다가 이 사건이 언론에 공개되면서 회사의 이미지가 크게 실추되었다.

GE는 2005년 흑인 차별에 대한 소송으로 곤욕을 치렀다. GE에서 3년간 일한 43세의 흑인 남성 토머스는 회사가 흑인이라는 이유로 시니어급 관리자로 승진을 시켜주지도 않고 동일 업무에 대한 기본급도 백인보다 낮게 책정하여 450만 달러 상당의 손해를 입었다며 1,000명의 흑인 직원들을 대표해서 소송을 제기했다. 결국 법원은 원고의 편을 들어주었고 GE는 그 후로도 흑인 차별 기업이란 오명을 쓰게 되었다.

또한 IMF 이후 해외 영업 및 사업 글로벌화가 진전됨에 따라 한국 대기업들이 외국인 우수 인력들을 채용하는 경우가 많아졌는데 내부 인력 간의 조화 및 활용 부족으로 인해 중도 퇴직하는 경우가 증가하고 있다. 특히 건설 및 연구개발 분야에서 우수 인력을 채용해놓고도 제대로 활용하지 못하는 사례가 많다. 언어 등

소통 장애와 상명하복식 문화 등이 문제였다.

중소기업의 경우 외국인에 대한 차별 문제가 끊임없이 제기되고 있다. 한 조사에 의하면 2010년 한국의 외국인 노동자들은 주 64.68시간, 연 3,300시간을 근로하는 것으로 나타났는데, 이는 그해 OECD가 발표한 한국 노동자들의 연간 평균 노동시간 2,256시간보다 1,044시간 많으며 OECD 평균보다 무려 1,246시간 많았다. 지금은 그때보다 많이 나아졌다고 하지만 TV 코미디 프로그램에서 "사장님 나빠요"라고 외치던 외국인 노동자의 호소는 아직도 우리가 귀를 기울여야 할 숙제인 것이다.

## ● 인력 다양성을 활용하여 시너지를 창출한 기업

상반되는 사례도 있다. 앞의 기업들과 달리 다양성을 제대로 관리하고 활용한 경우인데 바로 세계적인 공연 기업 '태양의 서커스'가 대표적이다. 1984년 출범 당시만 해도 12명의 유랑극단에 불과했던 태양의 서커스는 유사한 내용의 공연을 단순 반복하지 않기 위해 인종이나 출신 지역에 관계없이 재능이 넘치는 인재를 채용했다. 그 결과 현재 단원들의 국적은 무려 50여 개국에 달하고 나이 역시 다섯 살에서 예순아홉까지 다양하다. 올림픽 금메달리스트부터 정규 교육을 받지 않은 생활의 달인까지 각양각색의 경험을 가진 단원들이 내놓는 새로운 아이디어 덕분에 이들의 매출은 2011년 기준 10억 달러, 순이익만 2억 5,000만 달러에 도달했다고 한다.

영국의 글로벌 통신회사인 BT는 고객 접근, 디자인 개발, 시장 개척 측면에서 다양성을 비즈니스와 연계하여 활용하고 있다. 고객에게 제품 정보를 소개하는 단계에서는 다양한 언어 서비스와 정보를 제공하고, 디자인 단계에서는 실제 사용 경험이 있는 직원을 활용한다. 단순한 디자인의 전화기로 히트 상품이 된 '빅 버튼 폰(Big Button Phone)'은 관절염을 앓는 직원들의 도움으로 개발되었다. 또한 시장 개척 단계에서는 해당 지역 문화와의 융화가 필요하므로 현지 문화에 익숙한 직원을 채용한다.

지금은 MS에 매각되었지만 과거 모토롤라는 사내 소수 계층 인력을 대상으로 신상품 출시 전에 호감도 등을 조사하여 연간 수백만 달러의 마케팅 비용을 절감했다고 한다.

이와 같이 인력 다양성 관리는 향후 기업 경쟁력의 핵심 요소 중 하나로 부상할 전망이다. 새로운 인적 자원의 보고인 여성, 외국인, 신세대의 활용을 통한 시너지 창출 여부는 기업 경쟁력에 심대한 영향을 미친다. IBM의 전 CEO 샘 팔미사노(Samuel Palmisano)는 다양한 인재로부터 최대한의 잠재력을 끌어내는 것이 경쟁 우위의 기본이자 사업의 최우선 순위라고 이야기했다. 특히 국경을 초월한 글로벌 기업과의 경쟁에서 인력 다양성 관리는 창의와 혁신의 우위를 확보하기 위한 전략으로서 더욱 중요하게 관리되어야 할 과제이다.

## 다양성 관리를 위한 6가지 실천 과제

인력 다양성의 위협 요인을 최소화하고 기회 요인을 극대화하기 위해서는 인사 제도, 조직 문화, 전략 측면에서 이를 관리할 필요가 있다. 앞의 사례에서처럼 피할 수 없다면 제대로 된 관리가 필요한 것이 인력 다양성이다. 그렇다면 다양성을 효과적으로 관리하려면 어떻게 해야 할까? 지금부터 여섯 가지 실천 과제를 소개하도록 하겠다.

첫 번째는 제도적인 차원으로, 바로 인사 제도의 공정성을 강화하는 것이다. 대졸자를 신규 채용할 때 반드시 그중 30퍼센트를 여성으로 뽑도록 하는 일본 미즈호은행의 경우처럼 성별이나 학력, 경력별로 일정 비율의 채용 목표를 세우는 것이 좋다. 또한 소수 계층 인력의 승진을 지속적으로 관리하고, 평가 결과에 대한 모니터링과 평가 피드백을 강화하는 것도 놓쳐서는 안 될 부분이다.

삼성전자는 2011년 1.9퍼센트에 불과한 여성 임원 비율을 2020년 10퍼센트까지 확대하기로 했다. 프랑스의 정유회사 토탈 S.A.는 2004년 다양성 위원회를 설립하여 관리자뿐 아니라 경영진에서도 여성과 비프랑스인의 비율을 확대하기 위해 노력한 결과, 여성 임원은 2006년 14퍼센트에서 2010년 24퍼센트로, 비프랑스인 임원은 같은 기간 41퍼센트에서 54퍼센트로 증가했다.

두 번째로 소수 계층 인력을 전략적으로 육성해야 한다. 이를 위해 다양한 경력 성장 모델을 설계하여 여성과 외국인들에게 비전

## 다양성 관리의 실천 과제

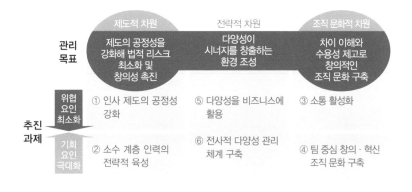

|  | 제도적 차원 | 전략적 차원 | 조직 문화적 차원 |
|---|---|---|---|
| **관리 목표** | 제도의 공정성을 강화해 법적 리스크 최소화 및 창의성 촉진 | 다양성이 시너지를 창출하는 환경 조성 | 차이 이해와 수용성 제고로 창의적인 조직 문화 구축 |
| **추진 과제** · 위협 요인 최소화 | ① 인사 제도의 공정성 강화 | ⑤ 다양성을 비즈니스에 활용 | ③ 소통 활성화 |
| 기회 요인 극대화 | ② 소수 계층 인력의 전략적 육성 | ⑥ 전사적 다양성 관리 체계 구축 | ④ 팀 중심 창의·혁신 조직 문화 구축 |

을 제시하고, 나아가 이들이 조직 변화를 주도할 수 있도록 리더십 교육 프로그램을 마련할 필요가 있다. 경영 컨설팅업체 딜로이트 (Deloitte)는 '우먼 이니셔티브(Women's Initiative)' 제도를 통해 여성 인력의 리더십과 경쟁력 강화를 위한 프로그램을 400여 가지나 운영하고 있다. 또한 씨티그룹(CitiGroup)은 여성 인력의 전문성 개발을 위해 'Women4CITI'라는 조직을 만들어 리더십과 코칭 프로그램을 제공하고 있다. 2008년에는 UCLA 앤더슨 경영대학원과 공동으로 여성 리더십 육성 프로그램을 개발하여 35명의 고성과 여성 인력에게 연간 2회의 참여 기회를 제공하고 있다.[9]

세 번째로 조직 문화 차원에서 소통을 활성화해야 한다. 다양성으로 인한 불신과 갈등을 예방하기 위해서는 상호 이해를 기반으로 하는 소통의 문화가 필요하다. 프랑스 푸드 서비스업체인 소덱소(Sodexo)는 다양성에 따른 차이를 이해하고 고정관념을 개선하기 위해 온라인 교육과 오프라인 교육을 병행하고 있다. 또한 존슨앤드존슨은 '다양성 대학(diversity university)'이라는 사이버 대학을 설치하여 직원들에게 다문화 관련 이슈를 교육하고 있으며, 씨티그룹 역시 '다양성 주간'을 마련하여 다양성에 대한 조직의 수용도를 높이기 위해 노력하고 있다.

네 번째로 팀을 중심으로 창의적이고 혁신적인 조직 문화를 구축하는 것도 중요한 실천 과제이다. 팀이야말로 창조와 혁신의 기본 단위이기 때문이다. 이를 위해 팀장에게 인력과 예산에 대한 자율권과 책임을 부여하고 직무 순환과 협업을 통해 과업과 관련한 다양성을 촉진할 필요가 있다. 미국의 통신회사인 프로스트(Frost)는 '핵심 인재 중개인(HIPO Broker)'이라는 별도의 담당자를 지정하여 핵심 인재의 직무 순환을 관리하고 있다.

또한 구성원이 비공식 활동을 할 수 있는 여유를 제공하여 다양한 네트워크가 형성되도록 유도할 필요가 있다. 정형화된 목표, 상하 관계, 절차 등이 없는 비공식 활동은 자유롭고 창의적인 사고를 극대화하는 데 도움이 된다. 업무 시간의 15퍼센트를 자신이 하고 싶은 일에 사용할 수 있도록 한 3M의 '15퍼센트 룰'이 좋은 예라 하겠다.

다섯 번째 과제는 다양성을 비즈니스에 활용하는 전략적 차원의 접근이다. 기업 내 다양한 인력은 고객 대응과 신사업 발굴에 필요한 자산임을 분명히 인식해야 한다. 한국 기업은 아직까지 사

| 교육 주제 | 교육 프로그램 명 | 방식 |
|---|---|---|
| 성별 차이 | 성별 차이에 대한 이해<br>(Bridging the Gender Gap) | 집합 교육 |
| 문화적 차이 | 이(異)문화 간 의사소통<br>(Cross Cultural Communication) | |
| 관리자 인식 | 관리자를 위한 문화적 역량 배양<br>(Cultural Competence for Managers) | |
| 팀 간 협력 | 포용을 통한 팀 효과성 개선<br>(Improving Team Effectiveness<br>through Inclusion) | |
| 장애인 인식 | 장애인 인식 훈련<br>(Disability Awareness Training) | 온라인 |
| 고정관념 타파 | 고정관념의 폐해와 해소 방안<br>(Ouch! That Stereotype Hurts) | |

자료: Sodexo (2011), 2010 Diversity & Inclusion Annual Report.

회적 요구와 법률 준수 차원에서만 소극적으로 소수 계층 인력을 활용하는 경향이 있으나, 기업 내 다양한 인력은 다양한 고객 니즈를 이해하고 신시장을 개척하는 지렛대가 될 수 있다. P&G의 CEO는 "다양성이 비즈니스를 창출한다(Diversity builds business)"라고 말함으로써 다양성과 비즈니스의 연계성을 강조했다. 실제로 포드자동차 영국 지사는 여성 엔지니어로 패널을 구성하여 여성 고객의 니즈를 제품 설계에 적극 반영하고 있다.

마지막으로 전사 차원에서 다양성 관리 체계를 구축하는 전략도 필요하다. 다양한 인력이 소통하며 시너지를 발휘하기 위해서는 다양성을 체계적이고 지속적으로 관리하는 전담 조직이 필요하다. IBM의 다양성 위원회(Diversity Council)가 대표적인 예다. 다양성 위원회는 각국 CEO, 임원, 네트워킹 그룹 리더 등으로 구성되어 다양한 인력을 효과적으로 활용하기 위한 전략과 목표를 점검하고 베스트 프랙티스를 공유하고 있다.

그리고 조직의 다양성 수준을 지표화하여 다양성 정도를 지속적으로 점검하고 개선하기 위해 노력하는 것 또한 전사 차원에서 진행되어야 할 과제 중 하나이다. 실제로 P&G는 전 세계 지역별 경영진의 업적 평가와 임직원의 인사고과에 다양성 개선도를 반영하고 있다. 경영진의 경영 평가 항목에 다양성 공헌 수준을 포함하고 있고, 글로벌 공통의 인사고과 항목에도 다양성 관리 항목을 반영하여 평가하고 있다.[10]

외부 환경이 다양해질수록 이에 상응하여 기업도 인력의 다양성을 확보하는 것이 중요하다. 전례 없는 초경쟁 환경에서 글로벌 일류 기업으로 도약하기 위해서는 다양성 관리가 필수불가결한 요소인 것이다. 다만 다양성 관리의 대상과 수준은 해당 기업의 특성과 상황에 따라 차이가 있을 수 있으므로 차별화된 전략을 마련하는 것이 바람직하다. 앞으로는 성별, 인종 등 외형적인 다양성뿐 아니라 창의성 촉진을 위한 과업 관련 다양성도 중요한 요소가 될 것이므로 경력, 학력, 직군 등 과업 관련 다양성을 중점 관리할 필요가 있다.

**20**

# 변화의 시대,
# 어떤 리더가 필요한가?

카리스마 리더십과 슈퍼 리더십,
그리고 윤리적 리더십

때로는 위대한 협박가들이 큰 성공을 거두기도 한다.
　　　　　　　　　　　　　　　　　－로더릭 크레이머

진정한 리더란 굶주린 독재자가 아니라 겸손한 종
같은 사람이다.
　　　　　　　　　　　　　　　　　－찰스 맨즈

## 과거의 리더십이 더 이상 통하지 않는 시대

최근 한국 사회의 위기를 말할 때 가장 먼저 나오는 말이 바로 리더십의 부재다. OECD의 '한눈에 보는 정부 2015' 보고서에 따르면 우리나라 국민 중 정부를 신뢰한다고 응답한 비율은 34퍼센트로 OECD 평균 41.8퍼센트에 크게 못 미치는 수치였다. 또《동아 비즈니스 리뷰》가 직장 상사에 대한 만족도를 조사한 결과, 상사의 리더십에 만족하는 직장인은 35퍼센트에 불과한 것으로 나타났다.

이처럼 우리나라 국민 대부분이 정부, 기업가, 그리고 가까이에 있는 직장 상사 등 자신의 리더를 신뢰하지 못하고 있는 것이 오늘의 현실이다. 매일 보고 듣는 뉴스에서는 하루도 쉬지 않고 정치인들의 부정과 기업인들의 비리 소식이 전해지고 있다. 이는 결국 오늘날 우리 주변의 많은 리더들이 계속 변화하는 리더십 환경을 따라가지 못하고 있음을 강하게 반증한다.

시대가 변함에 따라 요구되는 리더십도 끊임없이 변하고 있다. IT 혁명으로 정보에 대한 접근성이 강화되면서 권위에 맹목적으로 복종하던 시대는 끝났다. 이와 함께 그동안 한국 사회를 이끈 수직적이고 권위적인 리더십은 더 이상 통하지 않게 되었다. 오늘날 리더의 위치는 더 이상 계층의 정점이 아닌 원형의 중심에 자리하게 되었으며, 이에 따라 공유적 · 배분적 리더십을 주장하는 이론가들도 많아지고 있다.[1]

그러나 역사를 돌아보면 힘들고 어려운 시기마다 사람들은 영웅을 갈망했으며, 성공한 대부분의 글로벌 기업에는 강력한 리더십을 바탕으로 성과를 낸 스티브 잡스, 잭 웰치 같은 리더들이 존재했다.


## ● 카리스마 리더십: 강한 자신감을 바탕으로 주변을 압도

2011년 10월 스티브 잡스가 사망한 후 발행된 그의 자서전은 전 세계에서 엄청난 판매 부수를 기록했다. 다양한 굴곡을 거친 남다른 인생사부터 애플의 엄청난 성공을 이끌며 세상을 변화시킨 그의 경영 스타일과 리더십은 많은 이들의 선망을 받았다. 그는 다양한 모습의 리더상을 보여주었지만 대중의 마음을 사로잡은 것은 그의 개인적 특성에 기반한 카리스마 리더십이었을 것이다.

카리스마의 개념을 처음 소개하고 사회과학적으로 접근한 사람은 막스 베버이다. 막스 베버는 카리스마에 대해 "타인과 차별화되는 개인적 자질이다. 신은 초인에게 예외적인 파워를 준 듯하나."라고 언급하고 대중이 자발적으로 추종하게 만드는 힘이라고 했다. 그리고 카리스마는 추종자나 부하들이 그것을 인정해주고 만족할 때에만 유지된다고 강조했다.[2]

이후 1980년대부터 특성론, 상황론 같은 전통적인 리더십 이론을 대체하는 새로운 이론으로서 카리스마 리더십이 본격적으로 연구되기 시작했다. 특히 급변하는 경영 환경에서 좋은 성과를 내는 초우량 기업 대부분이 강력한 카리스마를 가진 리더에 의해 주도되는 상황에서 더욱 주목을 받았다.

그렇다면 카리스마 리더십을 가진 리더가 성과를 내는 이유는 무엇일까? 스탠퍼드 경영대학원의 로더릭 크레이머 교수는 "우리는 사회 지능과 소프트파워에 현혹되어 리더들이 엄청난 저항과 관성에 맞서 변혁을 이루어낼 때 필요한 기술을 간과하고 있다."라며 카리스마 리더십의 중요성을 강조했다. 인정 많고 권한을 위임하는 리더를 선호할 것이라는 일반적인 생각과는 달리 강하고 두려운 리더가 부하의 신뢰감을 얻고 능력을 최대한 발휘할 수 있도록 돕는다는 것이 그의 주장이다. 그의 연구에 따르면 카리스마 리더들은 '위대한 협박가(great intimidators)'다. 다시 말해 상대를 위협하는 기술을 전략적으로 사용하여 조직원들을 조직의 목

로더릭 크레이머(Roderick M. Kramer)

미국의 사회심리학자. 스탠퍼드 경영대학원 교수로 조직 내 의사 결정, 리더십, 신뢰 등의 분야를 연구해오고 있다. 저서로는 《조직 내에서의 신뢰와 불신(Trust and Distrust in Organizations)》(2004) 등이 있다.

표와 가치에 깊게 몰입시키며, 이슈를 더 강하게 체감시켜 자신이 원하는 방향으로 이끄는 사람이라는 것이다. 이들은 상대방의 약점, 불안을 확인하여 필요할 때 도구로 사용할 줄 아는 능력인 정치 지능(political intelligence)이 뛰어나고, 대부분 상대의 상황이나 감정을 배려하는 화법보다 직설적인 커뮤니케이션을 통해 본질에 집중하게 하며, 때로는 신비감과 강한 자신감을 바탕으로 주변인을 압도하면서 관계의 주도권을 쥔다고 설명했다.[3]

## 슈퍼 리더십: 사람에 대한 믿음을 기반으로 권한을 위임

반면, 스티브 잡스의 자서전을 읽은 독자들 중 많은 사람은 그가 이루어낸 성과에는 감탄하면서도 그가 내 상사로 온다면 회사를 그만두겠다고 할 정도로, 직원의 능력을 끌어내기 위해 온갖

모욕과 망신 주기를 서슴지 않는 태도와 자기중심적인 행동에 대해 거부감을 표시했다. 하버드 경영대학원의 데이비드 가빈(David Garvin) 교수는 이를 두고 "스티브 잡스 전기는 성공 신화인 동시에 반면교사"라고 말하기도 했다.[4]

특히 조직 구성원들의 교육 수준이 높아지고 정보 흐름이 자유로워지면서 기존 상명하복의 통제적 리더십으로는 더 이상 구성원들에게 동기를 부여하는 것이 불가능해졌으며, 급변하는 혁신의 시대에서 리더 단 한 명의 역량으로만 조직의 생존을 담보하기도 어려워진 것이 사실이다. 이에 구성원들 스스로 자율적·효과적으로 의사 결정을 할 수 있도록 잠재력을 극대화하는 것이 리더의 중요한 역할로 부각되며 등장한 것이 바로 슈퍼 리더십(super leadership)이다.

매사추세츠 대학교의 찰스 맨즈 교수와 메릴랜드 대학교의 헨리 심즈 교수는 구성원들이 스스로를 통제하고 규제하고 이끌 수 있도록 만드는 것이 슈퍼 리더십이라고 정의했다. 전통적 리더십이 리더의 뜻을 따르게 하고 리더의 통제에 끌려오게 만들었다면, 슈퍼 리더십은 구성원 모두의 잠재력이 충분하고 좋은 성과를 낼 수 있다는 낙관주의에 기초하여 리더보다 뛰어난 역량을 지닌 구성원들이 마음껏 자신의 실력을 발휘하도록 지원하는 것이 핵심이다. 리더는 구성원들에게 지식과 정보, 참여의 기회를 제공하고 권한을 위임함으로써 자발적인 몰입과 책임감을 이끌어낼 수 있다는 것이다.[5]

이러한 슈퍼 리더십을 대표하는 인물이 바로 3M을 현재의 눈부신 위치로 끌어올린 윌리엄 맥나이트(William L. McKnight) 회장이다. 그는 재임 시절 사람에 대한 강한 믿음을 가지고 구성원들에게 권한과 책임을 위임하여 끊임없이 도전하는 문화를 만들어냈다. 강한 카리스마로 구성원들을 압도하는 대신 겸양의 자세로 구성원들의 실패를 용인하고 그들이 스스로 변화와 혁신을 이끌수 있는 환경을 만들어준 것이다. 지금의 3M이 보여주는 창의적인 제품과 혁신 역량은 모두 이러한 슈퍼 리더십의 결과이다.

MS의 창업자 빌 게이츠도 회장으로 재임하던 시절 경영 전반에서 구성원의 의견을 충실히 반영하려 노력했으며 특히 집무실 컴퓨터에 항상 이메일 전용창을 두고 직원들과 수시로 아이디어를 주고받은 것으로 유명하다. 어떤 날은 하루에 100통이 넘는 이메일이 쏟아져 들어올 정도로 직원들은 적극적이고 거리낌 없는 자세로 경영 전반에 참여했다.[6]

---

**찰스 맨즈(Charles C. Manz)**
미국의 경영학자. 현재 매사추세츠 주립대학교 교수로 재직 중이며 주로 리더십 분야를 연구하고 있다. 저서로는 《슈퍼 리더십(The New Superleadership: Leading Others to Lead Themselves)》(2001, 공저) 등이 있다.

## 윤리적 리더십: 리더는 규범적이고 신뢰할 만한 모델

우리는 뛰어난 역량을 가지고 조직을 성공으로 이끈 리더들이 비윤리적인 행위로 인해 몰락하는 사례를 종종 목격한다. AIG의 전 CEO인 모리스 그린버그(Maurice Greenberg)는 40년 동안 최고 경영자로 재직하면서 AIG를 세계 최대의 보험사로 성장시키며 보험업계의 살아 있는 전설로 불렸지만 순이익을 과대 계상하는 등의 부정 회계로 퇴진했다. 21년 동안 디즈니를 이끈 마이클 아이스너(Michael Eisner)는 디즈니 후손과의 분쟁과 독선적인 경영으로 임기를 마치지 못하고 물러났다. 또 올림픽을 세계인의 축제로 만든 후안 안토니오 사마란치(Juan Antonio Samaranch) 전 IOC 위원장도 결국 본인과 주변인의 부정부패로 물러나면서 그 성공의 의미가 퇴색했다.

이는 모두 리더들이 때로는 경쟁자로부터 받는 압력에 자신의 원칙을 버리기도 하고, 큰 성공으로 인해 자신들에게는 공평한 윤리적 기준이 적용되지 않는다고 오인하면서 언제든 윤리적으로 타락할 수 있음을 보여준 사례들이다.

리더들의 비윤리적인 행위와 더불어 기업이 요구받는 사회적 책임의 수준이 이전과는 비교할 수 없을 정도로 높아지면서 리더의 윤리성을 강조하는 리더십이 바로 윤리적 리더십(ethical leadership)이다. 경영학 분야에서 최초로 윤리적 리더십을 거론한

사람은 체스터 바너드이다.[*]

1938년에 출간한 《경영자의 역할(The Functions of the Executive)》이라는 저서에서 그는 경영자의 윤리적 책임을 두 가지로 제시했다. 리더 스스로 먼저 도덕적 인간이 되어야 할 책임과, 조직원들을 도덕적 인간으로 만들어야 할 책임이다.[7]

이후 다양한 윤리적 리더십 이론이 등장했는데 그중 펜실베이니아 대학교의 린다 트레비노 교수와 마이클 브라운 교수는 윤리적 리더십을, "리더의 개인적 행동과 다른 사람과의 관계에서 규범적으로 타당한 행위를 보여주고 쌍방향 커뮤니케이션, 긍정 행동에 대한 보상 강화(reinforcement) 및 의사 결정을 통해 구성원들의 윤리적 행동을 장려하는 것"이라고 정의했다.[8] 또한 윤리적 인간(moral person)과 윤리적 관리자(moral manager)를 윤리적 리더십의 두 축으로 분류하고, 윤리적 리더들은 정직하고 공평하고 균형 잡힌 의사 결정을 하며, 추종자들과 자주 의사소통을 하며 명확한 윤리 기준을 수립하고 그 기준이 잘 준수되는지 확인하기 위해 보상과 처벌을 활용한다고 설명했다.

이러한 윤리적 리더십의 성과는 사회적 학습 이론 관점에서 지지되는데 윤리적 리더는 규범적으로 적절한 행동을 하는 매력적이고 신뢰할 만한 모델로서 조직원의 태도와 행위에 영향을 미치고, 직무 만족, 직무 동기 부여, 정서 몰입 등 긍정적인 직무 태도

---

[*] 이 책 〈02. 조직의 '설계'와 '관리', 무엇이 더 중요할까?〉 참고.

**린다 트레비노(Linda K. Trevino)**
미국의 경영학자. 현재 펜실베이니아 주립대학교 교수로 재직 중이
며 주로 조직 행동론 및 기업 윤리, 윤리적 리더십 관련 연구를 해오
고 있다. 저서로는《윤리 경영 전략(Managing Business Ethics)》(2014)
등이 있다.

**마이클 브라운(Michael E. Brown)**
미국의 경영학자. 현재 펜실베이니아 주립대학교 교수로 재직 중이
며 주로 기업 윤리 및 윤리적 리더십 관련 연구를 하고 있다. 저서로
는《리더&리더십 프로세스(Leaders & the Leadership Process)》(2008, 공
저) 등이 있다.

와 리더에 대한 높은 신뢰를 유인하는 것으로 입증되었다.[9]


## 윤리적 리더십에 대한 오해와 착각

그러나 우리에겐 여전히 '윤리적이면 손해를 본다'라는 편견이
있는 것 같다. 사회적으로 윤리적이라고 칭찬받을 만한 일이 당장
눈에 보이는 재무적 이익을 가져다주지 않는다고 생각하거나, 엄
격한 윤리적 기준이 오히려 상황에 맞는 유연한 선택을 방해한다
고 믿는 리더도 많다. 그러나 최근 기업 윤리나 윤리적 리더십 분
야의 연구를 통해 이것이 근거 없는 편견임을 명확히 보여주는

사례가 늘고 있다.

2015년《하버드 비즈니스 리뷰》4월호에는 매우 흥미로운 연구가 소개되었다.[10] 미국 미네소타 주 미니애폴리스에 소재한 리더십 컨설팅업체 KRW인터내셔널은 윤리적 리더들과 비윤리적 리더들이 이끄는 기업들의 재무 성과를 비교하는 연구를 진행했다. 해당 연구진은 리더들의 도덕성을 측정하기 위해 인류학자 도널드 브라운(Donald Brown)이 제시한 '인간의 보편성 목록'의 500가지 행동적 특성을 세밀하게 검토하여 신의(integrity), 책임(responsibility), 용서(forgiveness), 공감(compassion)이라는 4가지의 보편적 윤리 원칙을 도출했다. 그리고 이를 바탕으로 경영진의 도덕성 평가를 위해 미국 내 84개 기업과 비영리단체 직원을 대상으로 설문과 인터뷰를 실시했다.

연구진은 경영진들의 인격을 정량화하기 위해 총 64가지 질문을 제시하고, 그들이 4가지 보편적 윤리 원칙을 얼마나 일관성 있게 실천하는지를 평가했다. 그중 직원들로부터 높은 점수를 받은 10명과 가장 낮은 점수를 받은 10명을 나누어 두 그룹의 재무 성과를 비교한 결과, 도덕성 점수가 높은 CEO들이 속한 기업의 최근 2년간 평균 총자산수익률(ROA)이 9.35퍼센트로 도덕성 점수가 낮은 CEO들이 속한 기업의 1.93퍼센트에 비해 5배나 높다는 사실을 확인했다. 즉, 리더의 도덕성이 높을수록 회사 수익률도 높다는 점을 입증한 것이다.

그런데 이 연구에서 더욱 재미있는 결과는 직원들로부터 낮은 평가를 받은 리더들이 스스로 자신의 점수를 높게 평가했다는 사실이다. 윤리적 리더들은 자신의 점수를 직원들이 매긴 점수보다 3점 낮은 84점으로 평가한 반면, 낮은 점수를 받은 리더들은 자신의 점수를 직원들이 평가한 것보다 무려 15점이나 높은 83점으로 평가했다. 다시 말해 자신의 윤리 수준을 과대평가하며 스스로 훌륭한 인격을 갖췄다고 착각하고 있었던 것이다.

노트르담 대학교 앤 텐브룬셀(Ann E. Tenbrunsel) 교수는 이러한 자기기만이 일어나는 원인으로 우리의 도덕성이나 윤리 의식이 소위 자기 위주의 편향에 의해 체계적으로 제한되기 때문이라고 설명했다. 우리가 하고 싶은 '욕망 자아'와 우리가 어떻게 해야 하느냐의 '당위 자아' 사이의 대결 구도로 설명하고 있는데, 예측이나 회상 시에는 이상적인 자아인 당위 자아가 우세하고 현실에서는 욕망 자아가 우세하여 스스로 생각한 것과는 다르게 비윤리적인 판단이나 행동을 하고, 자신이 한 행동을 회상할 때도 스스로의 윤리성을 과장하게 된다는 것이다. 이러한 사후 자기 왜곡은 결국 행동과 회상의 불일치가 영구화되도록 만들어 윤리적 행위를 개선시킬 방법을 찾는 일을 게을리하게 만든다.[11]

## ● 리더십의 본질은 다른 사람에 대한 영향력

2007년 《하버드 비즈니스 리뷰》에 발표된 한 연구에 따르면 지난 50년 동안 많은 리더십 이론가들이 위대한 리더의 명확한 리더십 스타일, 특성, 개성 등을 살펴보려는 시도를 했고, 그 결과 1,000여 편의 논문이 나왔지만 이들 논문 중에서 이상적인 리더의 분명한 특징을 제시한 논문은 한 편도 없었다고 한다.[12] 이처럼 어디에나 적용되는 이상적인 리더십은 존재하지 않는다. 이상적인 리더십은 상황에 따라 다르게 발휘되며, 리더십의 형태보다는 리더십의 본질과 발휘될 수 있는 기반이 더 중요하다.

《리더십 불변의 법칙(The 21 Irrefutable Laws of Leadership)》으로 유명한 세계적인 리더십 전문가 존 맥스웰(John Maxwell)은 리더십의 본질이 다른 사람에 대한 영향력이며, 영향력을 발휘하기 위해서 가장 중요한 것은 신뢰라고 말했다. 신뢰는 당사자들의 공감대가 있을 때 형성된다. 스스로 자신의 실력을 아무리 과시하고 다녀도 구성원들에게 인정받지 못하면 아무런 의미가 없다. 결국 리더는 어떤 리더십으로 조직을 이끌 것인가를 고민하기 전에 구성원들에게 자신이 어떻게 비치고 있는지를 냉정하게 바라보아야 한다.

앞의 연구 결과처럼 인간은 누구나 자신에게는 관대하다. 혹시 지금 내가 스스로의 전문성, 카리스마, 윤리성을 과대평가하고 있는 건 아닌지 고민해보자. 마이클 샌델(Michael Sandel)의 말처럼 리더십은 리더 자신의 도덕성과 정의, 책임감이 없이는 그 시작조차 꿈꿀 수 없는 것이다.

**01 가장 오래된 논쟁의 시작, 직원을 어떻게 바라볼 것인가?**

1. 프레드릭 테일러 (2010).《과학적 관리법-프레드릭 테일러》. 방영호 옮김. 21세기북스.

2. 프레드릭 테일러 (2010). 위의 책.


**02 조직의 '설계'와 '관리', 무엇이 더 중요할까?**

1. Bunderson, J. Stuart, Boumgarden, P. (2010). "Structure and Learning in Self-Managed Teams: Why 'Bureaucratic' Teams Can Be Better Learners". *Organization Science*. 21(3), pp. 609-624.

2. Quy, Huy (2014). "What Could Have Saved Nokia, and What Can Other Companies Learn?". 〈Insead Knowledge〉.


**03 기술적 효율성을 따질 것인가? 사회적 정당성을 따를 것인가?**

1. Scott, W. R. (1981). *Organizations: Rational, Natural, and Open Systems*. Englewood Cliffs, NJ: Prentice-Hall.

2. Lawrence, P. R., Lorsch, J. W. (1967). *Organization and Environment: Managing Differentiation and Integration*. Boston: Harvard University.

3. 이지홍 (2012. 2. 15). "색바랜 'Kodak Moment'가 주는 교훈(핵심 사업에 매몰된 코닥, 핵심 역량으로 뻗어 나간 후지)". 〈LG Business Insight〉. LG경제연구원.

4. Selznick, P. (1948). "Foundations of the Theory of Organization". *American Sociological Review*. 13, pp. 25-35.

5. Monahan, S. C., Meyer, J. W., & Scott, W. R. (1994). "Employee Training: The Expansion of Organizational Citizenship". In Scott, W. R., and Meyer, J. W. (ed.). *Institutional Environments and Organizations*. Thousand Oaks, Calif.; London and New Delhi: Sage Publications.

6. 조 시게유키 (2005).《후지쯔 성과주의 리포트》. 윤정원 옮김. 들녘.

## 04 슈퍼맨과 어벤져스, 누가 더 강할까?

1. Alva Taylor, Henrich R. Greve (2006. 8). "Superman or the Fantastic Four? Knowledge Combination and Experience in Innovative Teams". *The Academy of Management Journal.* 49(4), pp. 723-740.

2. 에드 캣멀 · 에이미 월러스 (2014).《창의성을 지휘하라 – 지속 가능한 창조와 혁신을 이끄는 힘》. 윤태경 옮김. 와이즈베리.

3. Gautnam, R., Ling, X. & J. B. Barney (2013). "Impact of Information Technology Capital on Firm Scope and Performance: The Role of Asset Characteristics". *Academy of Management Journal.* 56(4), pp. 1125-1147.

## 05 통제와 자율, 무엇을 선택할 것인가?

1. Jensen, M., Meckling, W. (1976). "Theory of the Firm: Managerial Behavior, Agency Costs and Ownership Structure". *Journal of Financial Economics.* 3(4), pp. 305-360.

2. 유규창 · 김정은 · 이혜정 (2010). "Agency 이론과 Stewardship 이론에 의한 성과주의 인사제도의 재해석".《조직과 인사관리연구》. 제34집 3권, pp. 1-40.

3. Perrow, C. (1986). *Complex Organizations.* New York, NY: Random House.

4. Eisenhardt, K. (1989). "Agency Theory: An Assessment and Review". *Academy of Management Review.* 14(1), pp. 57-74.

5. Burger King Worldwide Inc.에서 공시한 2010년~2013년 재무제표 활용. 버거킹은 2013년 비상장기업으로 전환하였고 2014년부터 영업이익률 미공시.

6. Davis, J. H., Schoorman, F. D. & Donaldson, L. (1997). "Toward a Stewardship Theory of Management". *The Academy of Management Review.* 22(1), pp. 20-47.

7. 회사 설명은 얌브랜드 홈페이지(http://www.yum.com/company/). 주가 정보는 구글 파이낸스(http://www.google.com/finance) 참고.

## 06 인사 관리에도 베스트 프랙티스가 존재하는가?

1. 김성수 (2008). "전략적 인사관리가 기업 성과에 미치는 영향".《노사관계 연구》. 제18권, pp. 183-209.

2. Jeffrey Pfeffer (1998). *The Human Equation: Building Profits by Putting People First.* Boston, MA : Harvard Business Review Press.

3. Huselid, M. A (1995). "The Impact of Human Resource Management Practices on Turnover, Productivity, and Corporate Financial Performance". *Academy of Management Journal.* 38, pp. 635-672.

4. Miles, R. E., Snow, C. C. (1978). *Organizational Strategy, Structure, and Process.* NY: McGraw-Hill.

5. Miles, R. E., Snow, C. C. (1984). "Designing Strategic Human Resources Systems". *Organizational Dynamics.* 13, pp. 36-52.

6. 류성민 (2013). "인사관리부문의 전략적 역할이 조직성과에 미치는 영향: 전략변화시기를 중심으로".《경영연구》. 28권 2호, pp. 243-279.

**07 뽑을 것인가? 키울 것인가?**

1. "This Anecdote About High Jumpers Will Destroy Your Faith In Malcolm Gladwell's 10,000-Hours Rule" (2013. 8. 16). *Business Insider.*

2. Ericsson, K. A., Krampe, R. T. & Tesch-Romer, C. (1993). "The Role of Deliberate Practice in the Acquisition of Expert Performance". *Psychological Review.* 100(3), p. 363.

3. 제프 콜빈 (2010).《재능은 어떻게 단련되는가?》. 김정희 옮김. 부키.

4. Hambrick, D. Z., Oswald, F. L., Altmann, E. M., Meinz, E. J., Gobet, F., & Campitelli, G. (2014). "Deliberate Practice: Is That All It Takes to Become an Expert?". *Intelligence.* 45, pp. 34-45.

5. "Genetics Accounts for More Than Half of Variation in Exam Results" (2013. 12. 11). *The Guardian.*

6. Robins, R. W., Pals, J. L. (2002). "Implicit Self-Theories in the Academic Domain: Implications for Goal Orientation, Attributions, Affect, and Self-Esteem Change". *Self and Identity.* 1(4), pp. 313-336.

**08 성과, 개인의 역량인가? 관계의 힘인가?**

1. 미야자키 타쿠마 (2007).《소니 침몰》. 김경철 옮김. 북쇼컴퍼니.

2. Schultz, T. W. (1961). "Invest in Human Capital". *The American Economic Review.* 51, pp. 1-17

3. 월터 아이작슨 (2011). 《스티브 잡스》. 안진환 옮김. 민음사; 김정남 (2012). 《애플스토리》. 황금부엉이.

4. Nahapiet, J., Ghoshal, S. (1998). "Social Capital, Intellectual Capital, and the Organizational Advantage". *Academy of Management Review*. 23(2), pp. 242-266.

5. 톰 켈리 · 조너던 리트맨 (1992). 《유쾌한 이노베이션》. 이종인 옮김. 세종서적; Teresa Amabile, Colin M. Fisher & Julianna Pillemer (2014). "IDEO's Culture of Helping". *Harvard Business Review*. Jan/Feb 2014. 92(1/2), pp. 113-117.

**09 수평적 조직 구조는 모든 기업에 약이 될 수 있을까?**

1. Blenko, Marcia W., Michael C. Mankins, & Paul Rogers (2010). "The Decision-Driven Organization." *Harvard Business Review*. 88(6), pp. 54-62.

2. Porter, Lyman W., Edward E. Lawler III (1964). "The Effects of 'Tall' Versus 'Flat' Organization Structures on Managerial Job Satisfaction". *Personnel Psychology*. 17(2), pp. 135-148; Porter, Lyman W., & Edward E. Lawler III (1965). "Properties of Organization Structure in Relation to Job Attitudes and Job Behavior." *Psychological Bulletin*. 64(1), p. 23.

3. Drucker, Peter F. (1988) . "The Coming of the New Organization". *Harvard Business Review*, pp. 45-53.

4. Drucker, Peter F. (1998. 10). "Management's New Paradigms". *Forbes*, p. 98.

5. Eric Schmidt, Jonathan Rosenberg (2014). *How Google Works*. Hachette UK.

6. "Google CEO Eric Schmidt: We Don't Really Have A Five-Year Plan" (2009. 5. 20). *Business Insider*.

7. Jaques, Elliott (1989). *The Requisite Organization: The CEO's Guide to Creative Structure and Leadership*. Arlington, VA: Cason Hall.

8. Jaques, Elliott (1990). "In Praise of Hierarchy." *Harvard Business Review*. 68(1), pp. 127-133.

9. "중간관리자 역할 강화된 소그룹이 대안, KAIST 이지환 교수" (2011 10. 18). 《머니투데이 더벨》.

10. Richard L. Brandt (2011. 10. 15). "Birth of a Salesman; Behind the Rise of Jeff Bezos and Amazon". *Wall Street Journal*.

### 10 리더는 타고나는가? 만들어지는가?

1. Stogdill, R. M. (1974). *Handbook of Leadership : A Survey of the Literature*. New York: The Free Press.

2. De Neve, J. E., Mikhaylov, S., Dawes, C. T., Christakis, N. A., & Fowler, J. H. (2013). "Born to Lead? A Twin Design and Genetic Association Study of Leadership Role Occupancy". *The Leadership Quarterly*. 24(1), pp. 45-60.

3. Blake, R. R., Mouton, J. S. (1968). *Corporate Excellence through Grid Organization Development*. Houston: Gulf Publishing.

4. Goleman, Daniel (2000). "Leadership That Gets Results". *Harvard Business Review*. March-April 2000.

### 11 인재 유출, 꼭 나쁘기만 한 것일까?

1. Bryan Walsh (2006. 7. 23). "Stem Cell Central". *Time*.

2. 오를리 로벨 (2014). 《인재 쇼크》. 김병순 옮김. 싱긋.

3. "야후: 5개 벤처회사 인수에 $16M 지불" (2013. 5. 14). 〈http://techneedle.com〉.

4. 리처드 다베니 (2009). 《하이퍼컴피티션》. 이현주 옮김. 21세기북스.

5. D. P. Lepak, S. A. Snell (1999). "The Human Resource Architecture: Toward a Theory of Human Capital Allocation and Development". *Academy of Management Review*. 24(1), pp. 31-48.

6. Lee Fleming, Matt Marx (2006). "Managing Creativity in Small Worlds." *California Management Review*. 48(4), pp. 6-27.

7. E. Whelan, S. Parise, J. Valk & R. Aalbers (2011). "Creating Employee Networks that Deliver Open Innovation". *Sloan Management Review*. 53(1), pp. 37-43.

### 12 개인의 몫은 어디까지인가?

1. 존 롤스 (2003). 《정의론》. 황경식 옮김. 이학사.

2. "'가격 두 배로 쳐줄게 회사 넘겨라' 저커버그 제안도 거부한 당찬 20대" (2015. 5. 22). 《한국경제신문》.

3. 마이클 센델 (2010). 《정의란 무엇인가》. 이창신 옮김. 김영사.

4. 장동익 (2006). 《노직 『무정부, 국가 그리고 유토피아』》. 서울대학교 철학사상연구소.

### 13 퇴직률은 진짜 낮을수록 좋은가?

1. "Lack of Work-Life Flexibility Top Reason why People Quit Their Jobs". (2015. 5. 7). ⟨Tech.co⟩.

2. Myra H. Strober (1990). "Human Capital Theory: Implications for HR Managers". *Industrial Relations: A Journal of Economy and Society*. 29(2), pp. 214-239.

3. Alexander, J. A., Bloom, J. R., & Nuchols, B. A. (1994). "Nursing Turnover and Hospital Efficiency: An Organization-Level Analysis". *Industrial Relations*. 33(4), pp. 505-520.

4. Gupta & Delery (2005). "Alternative Conceptualizations of the Relationship Between Voluntary Turnover and Organizational Performance". *Academy of Management Journal*. 48, pp. 50-68.

5. Kacmar, M., Andrews, M., Van Rooy, D., Steilberg, C., & Cerrone, S. (2006). "Sure Everyone can be Replaced, But at What Cost? Turnover as a Predictor of Unit-Level Performance". *Academy of Management Journal*. 49, pp. 133-144.

6. Michael A. Abelson, Barry D. Baysinger (1984). "Optimal and Dysfunctional Turnover: Toward an Organizational Level Model". *Academy of Management Review*. 9(2), pp. 331-341.

7. Dalton, D. R., Todor, W. D. (1979). "Turnover Turned Over: An Expanded and Positive Perspective". *Academy of Management Review*. 4, pp. 225-235.

### 14 고용 안정은 '잘못된 친절'인가?

1. "What the Boss Doesn't Understand About Job Security" (2014. 7. 29). *Wall Street Journal*.

2. "제프리 페퍼 교수가 말하는 '리더의 조건'" (2015. 3. 25).《머니투데이》.

3. Jeffrey Pfeffer (2011. 1. 24). "Don't Dismiss Office Politics-Teach It". *Wall Street Journal*.

4. 2009 SHRM(Society for Human Resource Management) 메인 테마.

### 15 신세대의 '다름'을 어떤 방식으로 받아들일 것인가?

1. 양운덕 (1996). "근대성과 계몽에 대한 상이한 해석: 하버마스와 푸코".《인문학 연구》. 2,3집 합본호. pp. 110-189.

2. 하상복 (2009).《푸코 & 하버마스: 광기의 시대, 소통의 이성》. 김영사.

3. Apple AD "Think Different" (Steve Jobs narrated) www.youtube.com 참조.

4. 하상복 (2009).《푸코 & 하버마스: 광기의 시대, 소통의 이성》. 김영사.

5. 하상복 (2009). 위의 책 참조.

## 16 어떻게 창의성을 끌어낼 것인가?

1. "The Secret Math of Airbnb's $24 Billion Valuation" (2015. 6. 17). *Wall Street Journal*.

2. Amabile, T. M. (August 1983). "The Social Psychology of Creativity: A Componential Conceptualization". *Journal of Personality and Social Psychology*. 45(2), pp. 357-377.

3. 신동엽 (2009. 12. 15). "일과 놀이가 하나되는 창조경영".《동아 비즈니스 리뷰》.

4. "I Don't Have a Job. I Have a Higher Calling" (2015. 2. 24). *Wall Street Journal*.

5. Amabile, T. M., Kramer, S. J. (2011). *The Progress Principle : Using Small Wins to Ignite Joy, Engagement, and Creativity at Work*. Harvard Business Review Press.

6. "LVMH, 케어링, 리슈몽 럭셔리 거대그룹은 무엇이 다른가" (2015. 6. 23).《헤럴드경제》.

7. Eisenberger, R., Rhoades, L. (2001). "Incremental Effects of Reward on Creativity". *Journal of Personality and Social Psychology*. 81, pp. 728-741.

8. 최진남 (2010. 1. 15). "몰입과 창의성, 돈으로 살 수 있나?".《동아 비즈니스 리뷰》.

9. "How to Pay Employees for Great Ideas" (2014. 12. 4). *Wall Street Journal*.

## 17 행복한 사람이 더 높은 성과를 내는가?

1. Seligman, Martin E. P., Csikszentmihalyi, Mihaly (2000). "Positive Psychology: An Introduction". *American Psychologist*. 55(1), pp. 5-14.

2. Fredrickson, Barbara L. (2001). "The Role of Positive Emotions in Positive Psychology". *American Psychologist*. 56(3), pp. 218-226.

3. Cameron, Kim. S., Dutton, Jane. E., & Quinn, Robert. E. (2003). *Positive Organizational Scholarship: Foundations of a New Discipline* (Eds). San Francisco: Berrett-Koehler Publishers.

4. 존 매키 · 라젠드라 시소디어 (2014).《돈 착하게 벌 수는 없는가 – 깨어 있는 자본주의에서 답을 찾다》. 유지연 옮김. 흐름출판.

5. Schwarz, N., Clore, G. L. (1983). "Mood, Misattribution, and Judgments of

Well–Being: Informative and Directive Functions of Affective States". *Journal of Personality and Social Psychology*. 45(3), pp. 513-523; Schwarz, N., Clore, G. L. (2003). "Mood as Information: 20 Years Later". *Psychological Inquiry: An International Journal for the Advancement of Psychological Theory.* 14(3,4), pp. 296-303.

6. Chak Fu Lam, Gretchen Spreitzer & Charlotte Fritz. (2014). "Too Much of a Good Thing: Curvilinear Effect of Positive Affect on Proactive Behaviors". *Journal of Organizational Behavior.* 35, pp. 530-546.

7. Schwartz, R. M., Reynolds, C. F., III, Thase, M. E., Frank, E., Fasiczka, A. L., & Haaga, D. A. F. (2002). "Optimal and Normal Affect Balance in Psychotherapy of Major Depression: Evaluation of the Balanced States of Mind Model". *Behavioural and Cognitive Psychotherapy.* 30, pp. 439-450.

8. Fredrickson, Barbara L., Losada, Marcial F. (2005). "Positive Affect and the Complex Dynamics of Human Flourishing". *American Psychologist.* 60(7), pp. 678-686.

9. Adam Grant (2013. 10. 15). "The Positive Power of Negative Thinking". ⟨www. linkedin.com⟩.

## 18 긍정성을 찾는 것과 부정성을 피하는 것, 어디에 초점을 맞출 것인가?

1. Heckman, James J., Jora Stixrud & Sergio Urzua (2006). "The Effects of Cognitive and Noncognitive Abilities on Labor Market Outcomes and Social Behavior". *Journal of Labor Economics.* 24(3), pp. 411-482.

2. Windle, G., Bennett, K. M. & Noyes, J. (2011). "A Methodological Review of Resilience Measurement Scales". *Health and Qual of Life Outcomes.* 9, p. 8.

3. Costa, P. T. Jr., McCrae, R. R. (1992). "Four Ways Five Factors are Basic". *Personality and Individual Differences,* 13. 653-665.; Costa, P. T, Jr.,& McCrae, R. R. (1992). *Revised NEO Personality Inventory (NEO-PI-R) and NEO Five-Factor Inventory (NEO-FFI) Manual.* Odessa, FL: Psychological Assessment Resources.

4. Mount, M. K., Barrick, M. R. (1998). "Five Reasons Why the 'Big Five' Article has been Frequently Cited". *Personnel Psychology.* 51(4), pp. 849-857.

5. Hogan, R., Hogan, J. (2001). "Assessing Leadership: A View from the Dark Side." *International Journal of Selection and Assessment.* 9, pp. 40-51.

6. Furnham, A., Richards, S. C. & Paulhus, D. L. (2013). "The Dark Triad of Personality:

A 10-year Review." *Social and Personality Compass.* 7, pp. 199-216.

7. Wink, P. (1991). "Two Faces of Narcissism". *Journal of Personality and Social Psychology.* 61, pp. 590-597.

## 19 다양성, 시너지의 원천인가? 갈등의 요인인가?

1. 통계청 경제활동 인구 조사.

2. Jackson, S. E., Alvarez, E. B. (1992). "Working through Diversity as a Strategic Imperative". In Jackson, S. E. and Associates (Eds.) *Diversity in the Workplace: Human Resource Initiative.* Chap 2. NY: The Guilford Press, pp. 13-29.

3. Milliken, F. J., Martins, L. L. (1996). "Searching for Common Threads: Understanding the Multiple Effects of Diversity in Organizational Groups". *Academy of Management Review.* 21(2), pp. 402-433.

4. Cox, T., Blake, S. (1991) "Managing Cultural Diversity: Implications for Organizational Competitiveness". *The Executive.* 5(3). Academy of Management, pp. 45-46.

5. Wright, P., Ferris, S. P., Hiller, J. S., & Kroll, M. (1995). "Competitiveness through Management of Diversity: Effects on Stock Price Valuation". *Academy of Management Journal.* 38(1), pp. 272-287.

6. Williams, K. Y., O'Reilly, III, C. A. (1998). "Demography and Diversity in Organizations: A Review of 40 years of Research". In B. M. Staw, L. L. Cummings, *Research in Organizational Behavior.* Greenwich, CT: JAI Press, pp. 77-140.

7. Kochan, T., Bezrukova, K., Ely, R., Jackson, S., Joshi, A., Jehn, K., Leonard, J., Levine, D., & Thomas, D. (2003). "The Effects of Diversity on Business Performance: Report of the Diversity Research Network". *Human Resource Management.* 42(1), pp. 3-21.

8. "Wal-Mart Wins Supreme Court Sex-Bias Case Ruling." (2011). *Wall Street Journal.*

9. Citi Group (2011). Global Diversity Annual Report 2010.

10. 有村貞則 (2005). "日本P&Gの多樣性管理".《山口經濟學雜誌》. 53(5).

## 20 변화의 시대, 어떤 리더가 필요한가?

1. 조지프 나이 (2008).《조지프 나이의 리더십 에센셜》. 김원석 옮김. 교보문고, p. 18.

2. Barbara Kellerman ed. (1986). "Max Weber: Type of Authority". *Political Leadership : A source Book*. Pittsburgh, PA: University of Pittsburgh Press, pp. 232-244.

3. Roderick M. Kramer (2006. 2). "The Great Intimidators". *Harvard Business Review*. 84, pp. 88-96.

4. David Weidner (2012. 4. 5). "Successful CEO's Don't Have to Be Jerks". *Wall Street Journal*.

5. Charles C. Manz & Henry P. Sims. Jr. (2002).《슈퍼리더십》. 김남현 옮김. 경문사.

6. 천예선 · 강승연 (2014. 2. 4). "'크리더십(Creative Leadership)' 猛將, 德將".《헤럴드경제》.

7. 차동옥 (2008. 6). "당신은 윤리적 리더인가".《Leaderpia》.

8. Brown, M. E., Trevino, L. K. & Harrison, D. A. (2005). "Ethical Leadership: A Social Learning Perspective for Construct Development and Testing". *Organizational Behavior and Human Decision Processes*. 97(2), pp. 117-134.

9. 이은영(2015). "윤리적 리더십은 어떻게, 얼마나 효과적일까?".〈SBERI Weekly Business Ethics Paper〉. 2015-19호; Ng, Thomas. W. H., Feledman. D. C. (2015). "Ethical Leadership: Meta-Analytic Evidence of Criterion-Related and Incremental Validity". *Journal of Applied Psychology*. 100(2), pp. 948-965.

10. "Measuring the Return on Character" (2015. 4). *Harvard Business Review*, pp. 20-21.

11. 민재형 (2014). "윤리라는 신기루?".〈SBERI Weekly Business Ethics Paper〉. 2014-11호; Tenbrunsel, Ann E., Kristina A. Diekmann, Kimberly. A. Wade-Benzoni & Max H. Bazerman (2010). "The Ethical Mirage: A Temporal Explanation as to Why We are not as Ethical as We Think We Are". *Research in Organizational Behavior*. 30, pp. 153-173.

12. Bill George, Peter Sims, Andrew N. Mclean & Diana Mayer (2007). "Discovering Your Authentic Leadership". *Havard Business Review*. 85(2), p. 129.

**고현철** ° 연세대학교 사회학과를 졸업하고, 동 대학원에서 산업사회학 박사학위를 받았다. 현재 삼성경제연구소 인사조직실 수석연구원으로 재직하고 있다. 기업의 인사 전략과 인사 제도를 중심으로 연구를 해왔고, 특히 R&D 및 제조 부문 등에 특화된 HR 제도 구축과 운영에 관해 다수의 컨설팅 및 연구를 수행했다.

**김동철** ° 홍익대학교 경영학과를 졸업하고 고려대학교 MBA에서 석사학위를 받았다. 삼성전자 인사팀에서 채용, 인력 운영 업무를 수행했으며, 현재 삼성경제연구소 인사조직실 수석연구원으로 재직 중이다. 주요 관심 영역은 창의성, 조직 문화, 글로벌 인사 제도 분야이며, 기업 내 창의적인 조직 환경에 대해 다양한 연구를 하고 있다.

**김명진** ° 이화여자대학교 심리학과를 졸업한 후, 고려대학교에서 산업 및 조직 심리학으로 석사학위를 받았다. 이후 10여 년간 IBM과 헤이그룹 등 글로벌 컨설팅펌에서 HR 관련 다양한 컨설팅 경험을 쌓았으며 현재 삼성경제연구소 인사조직실 수석연구원으로 재직 중이다. 주요 관심 영역은 선발에서 리더 육성까지 이어지는 통합 인재 관리이며, 그간의 경험과 심리학적 이론들을 실무에 접목하는 데 매진하고 있다.

**김재원** ° 서울대학교 경제학부를 졸업하고 동 대학원에서 경영학 석사학위를 받았다. 미국 펜실베이니아 대학교 와튼 경영대학원에서 인사 조직 석사학위를 취득하고 박사과정을 수료했다. 현재 삼성경제연구소 인사조직실 수석연구원으로 재직 중이다. 주요 관심 영역은 전략적 인사 관리, 글로벌 인재 이동, 임직원 보이스 연구 등이다. 주요 논문으로 "Employee Voice and Organizational Performance"(*Human Relations*, 2010), "인사부서의 전략적 의사결정 참여가 인사관리의 효과성에 미치는 영향"(《인사조직연구》, 2004), "레벨이슈(Level Issue)의 의미, 현상 및 해결방안"(《인사조직연구》, 2003)(이상 공저) 등이 있다.

**김치풍** ° 한양대학교 사회학과를 졸업하고 서울대학교 경영학과와 영국 버밍엄 대학교 경영대학에서 인사 관리 석사학위를 취득했다. 현재 영국 레딩 대학교 헨리 비즈니스 스쿨에서 글로벌 인적 자원 관리 박사과정에 재학 중이다. LG텔레콤 인사팀, IBM GBS(Global Business Service) 컨설턴트를 거쳐 현재 삼성경제연구소 인사조직실 수석연구원으로 재직 중이다. 기업 인사 실무, 컨설턴트, 연구원 경험을 바탕으로 직제, 평가, 보상 등 인사 제도, 글로벌 인적 자원 관리, 조직 운영 전략 관련 연구와 컨설팅을 수행하고 있다. 최근에는 글로벌 기업의 HR transformation을 주로 연구하고 있다. 역서로《IBM 인적자원관리의 미래》(2007, 공역)가 있다.

**류지성** ° 고려대학교 경영학과를 졸업하고 동 대학원에서 박사학위를 취득했다. 현재 삼성경제연구소 인사조직실 연구전문위원으로 재직 중이다. 주로 인사 조직, 리더십과 조직 문화에 대해 연구하고 기업 자문을 하고 있다. 그동안 리더십에 대해 연구한 내용들을 동영상 지식서비스 SERICEO에서 〈경영과 심리〉, 〈위대한 리더의 조건〉, 〈리더십 딜레마〉 등의 프로그램을 통해 소개하고 있다. 저서로《마음으로 리드하라》(2011)가 있다.

**박정우** ° 중앙대학교 심리학과를 졸업하고 서울대학교 대학원에서 조직 심리학 석사학위를 받았다. 글로벌 경영 컨설팅 회사 엑센추어, IBM GBS를 거쳐 현재 삼성경제연구소 인사조직실 수석연구원으로 재직하고 있다. 국내 기업의 인사 제도, 프로세스, 시스템 혁신 관련 컨설팅과 인사 제도 개선, 긍정 조직 문화, 리더십, 다양성 등의 연구를 수행해왔다. 최근에는 국내 기업과 비서구권 기업의 글로벌 인사 혁신에 대해 중점적으로 연구하고 있다.

**박준혁** ° 오하이오 주립대학교 경영대학 재무학(Finance) 학사, 미네소타 대학교 수학(Math) 석사, 동 대학원 인사 노사(HRIR) 석사학위를 취득한 후, 중앙대학교 경영학과에서 인사 조직 전공으로 박사학위를 받았다. 삼성생명(인사팀), 삼성인력개발원(어세스먼트센터)을 거쳐 현재는 삼성경제연구소 인사조직실 수석연구원으로 재직 중이다. 주요 관심 영역은 다양한 어세스먼트 도구를 활용한 리더 선발 및 양성·활용 방안, 핵심 인재의 채용 및 유지관리, 임직원 성과 관리 등이며 인사 제도와 관련된 다양한 연구 및 자문 활동을 수행하고 있다.

**박충훈** ° 연세대학교 정치외교학과를 졸업하고 삼성화재 인사팀을 거쳐 현재 삼성경제연구소 인사조직실 선임연구원으로 재직 중이다. 기업 인사 실무 경험을 바탕으로 인사 제도, 조직 문화 등을 연구하고 있으며 최근에는 기업 조직 문화 진단 및 분석, 팀 성과에 관련된 연구에 집중하고 있다.

**윤지연** ° 가톨릭대학교 심리학과를 졸업하고 미국 조지아 공과대학교에서 산업 및 조직 심리학 석사, 박사학위를 받았다. 현재 삼성경제연구소 인사조직실 수석연구원으로 재직 중이고, 인사 평가, 채용, 글로벌 성과 관리를 중점적으로 연구하고 있다. *Assessment Centres and Global Talent Management*(공저) 등의 저술에 참여했다.

**이정일** ° 서울대학교 외교학과를 졸업하고 서강대학교 경영학과에서 석사 및 박사학위를 받았다. 현재 삼성경제연구소 인사조직실 상무로 재직하고 있다. 인사 조직, 조직 문화, 고용 관계 등에 대한 많은 연구를 수행해왔다. 최근의 주요 관심 분야는 직장인의 행복, 마음 건강, 일자리 창출, 의사소통 등이다. 저서로《규제의 역설》(2006, 공저),《한국의 노동 어떻게 할 것인가? Ⅰ,Ⅱ,Ⅲ》(2007~2010, 공저) 등이 있다.

**이지인** ° KAIST 생명화학공학과를 졸업하고 서울대학교 대학원에서 경영학 석사학위를 받았다. 현재 삼성경제연구소 인사조직실 선임연구원으로 재직하고 있다. 주요 관심 영역은 학습 조직, 보상 체계, 창의성 분야이며, 데이터를 기반으로 조직을 분석하고 새로운 제도를 설계하는 데 관심을 두고 있다.

**임명기** ° 연세대학교 사회학과를 졸업하고 미국 듀크 대학교에서 MBA를 받았으며 현재 연세대학교 산업 및 조직 심리 전공 박사과정에 있다. 삼성전자 인사팀, 삼성인력개발원을 거쳐 삼성경제연구소 인사조직실 수석연구원으로 재직 중이다. 기업 인사 실무 경험과 사회학, 경영학, 심리학 전반의 이론적 이해와 전문성을 바탕으로 인사 제도 및 평가, 선발 분야의 연구 활동을 수행하고 있다. 저서로《잡 크래프팅 하라》(2014)가 있다.

**주세영** ° 노스캐롤라이나 대학교 MBA를 졸업하고 성균관대학교에서 경영학으로 학사와 박사학위를 받았다. 현재 삼성경제연구소 인사조직실 수석연구원으로 재직하고 있다. 글로벌 기업들의 경영진 및 임원 운영을 분석하여 효과적 승계 계획(succession plan) 및 인재 관리(talent management) 관련 연구를 수행해왔다. 최근에는 M&A 전략과 인재 관리, 비즈니스 모델 혁신에 따른 조직 구조 변화에 대해 중점적으로 연구하고 있다. 저서로 《SERI 경영노트2》(2011, 공저)가 있다.

**정권택** ˚ 성균관대학교 경영학과에서 학사와 석사를, 서강대학교 경영학과에서 박사학위를 취득했다. 현재 삼성경제연구소 인사조직실장(전무)으로 재직하고 있으며, 한국인사관리학회와 윤리경영학회 부회장을 맡고 있다.

**정인성** ˚ 고려대학교 경영학과에서 학부와 석사를 졸업하고 현재 홍콩과학기술대학교(HKUST)에서 박사과정에 있다. 삼성경제연구소 인사조직실에서 근무했다. 인사제도 안에서 종업원 행동 관계를 연구해왔으며, 최근에는 종업원의 창의성과 혁신 행동을 중점적으로 연구하고 있다.

**최현수** ˚ 성균관대학교 경제학과를 거쳐 고려대학교에서 경영학 석사학위를 취득한 후 중앙대학교 경영학 박사과정에 있다. 삼성경제연구소 인사조직실에서 HR 컨설팅을 비롯해 채용, 평가 · 보상, 조직 문화 등에 관한 다양한 연구를 수행했으며, 삼성제일모직에서 HR 제도기획, 글로벌 HR 등을 담당했다. 현재 IBM Korea 채용팀장으로 재직하고 있다.

**태원유** ˚ 고려대학교 사학과를 졸업하고 미국 하와이 샤미나드 대학교에서 경영학 석사학위를 취득한 후 일본 교토 대학에서 일본인의 조직 귀속 의식 연구로 경제학 박사학위를 받았다. 현재 삼성경제연구소 인사조직실 수석연구원으로 재직 중이다. 주요 관심 영역은 기업과 개인 관계, 중장년 인력 고용 문제 등 고용과 인력 운영 분야이다. 저서로 《한국의 기업경영 20년》(2008, 공저)이 있다.